AUTORIN: SANDRA SCHUMANN
FOTOS: JÖRN RYNIO

Rainbow
Drinks

GESUNDE ERFRISCHUNG
VON FLAVOURED WATER BIS
SMOOTHIE

Rainbow Drinks

GESUNDE ERFRISCHUNG VON FLAVOURED WATER BIS SMOOTHIE

BUNT
UND GESUND

MIX DIR WAS SCHÖNES!

EGAL OB ALS FRÜHSTÜCK, SNACK FÜR ZWISCHENDURCH ODER
BUNTER DURSTLÖSCHER – SCHNELL GEMIXTE LIMOS, AGUAS FRESCAS,
SÄFTE UND SMOOTHIES SIND EINE WUNDERBARE MÖGLICHKEIT,
EINE GUTE DOSIS OBST UND GEMÜSE IM ALLTAG UNTERZUBRINGEN.

ENTSAFTER ODER MIXER?

Beim Entsaften wird der Saft aus Obst und Gemüse herausgepresst – und dabei gleichzeitig
von Faserstoffen und Fruchtfleisch getrennt.
Achten Sie beim Kauf eines Entsafters darauf,
dass das Gerät möglichst langsam dreht und
so wenig Sauerstoff in den Saft gelangt. Das
schont Vitamine und Mikronährstoffe.
Beim Standmixer dagegen ist Power gefragt,
denn die eher dickflüssigen Smoothies enthalten alle Faserstoffe der Pflanzen. Und die
müssen vor allem bei Kräutern und Blattgrün
gut zerkleinert werden.
Wer sich nur eines der beiden Geräte zulegen
möchte, wählt besser den Standmixer. Denn
mit fünf schnellen Extraschritten kann man
auch damit prima Säfte herstellen.

IN 5 SCHRITTEN ZUM SAFTGLÜCK

1. Früchte und Gemüse zuerst sorgfältig waschen und abtrocknen. Damit der Saft schön
frisch schmeckt, kommen alle Zutaten am
besten direkt aus dem Kühlschrank.
2. Alle Zutaten in Stücke teilen und dabei
Kerngehäuse, Steine etc. entfernen. Harte
Obst- und Gemüsesorten sowie Blattgrün etwas kleiner schneiden, denn auch der stärkste
Mixer braucht ein bisschen Hilfe.
3. Für eine schonende Zubereitung werden
die Zutaten in folgender Reihenfolge in den
Mixer geschichtet: Zuerst weiches Obst und
Gemüse, danach gefrorene und harte Zutaten, darauf Haferflocken, Nüsse & Co. Den
Abschluss bilden Flüssigkeiten und Eis.
4. Den Mixer gut verschließen und zuerst auf
mittlerer Stufe drehen lassen, bis die Zutaten
grob zerteilt sind. Jetzt die Geschwindigkeit
erhöhen und weitermixen, bis die gewünschte
Konsistenz erreicht ist.
5. Den Saft durch ein feines Sieb filtern. Dabei
in Portionen nachgießen und mit einem Löffel
rühren, damit das Sieb nicht verstopft.

10 EXTRA-SMOOTHIE-TIPPS

1. Wer morgens gern einen Smoothie früh-stückt, aber keine Zeit zum Vorbereiten hat, kann die Portionen für eine Woche vorbereiten und tiefkühlen. Dafür das gewünschte Obst und Gemüse waschen, klein schneiden und in Gefrierbeuteln tiefkühlen. Oder den fertig ge-mixten Smoothie in Muffinformen tiefkühlen.

2. Mixer und anderes Zubehör (Sieb, Glas etc.) am besten dort aufbauen, wo alles gut erreicht werden kann und griffbereit ist. So benutzt man es nämlich regelmäßig.

3. Kein Gemüsefan? Kein Problem! Spinat, Grünkohl und Brokkoli lassen sich super verstecken. Vor allem Banane, Beeren und Ananas sind stark im Geschmack und über-decken die grünen Zutaten perfekt.

4. Eine Handvoll Haferflocken, Nüsse oder Samen machen jeden Smoothie zu einem echten Sattmacher. Außerdem tun die Extra-ballaststoffe der Verdauung gut.

5. Für alle Abwaschmuffel: Den Standmixer nach der Benutzung zur Hälfte mit heißem Wasser füllen, einen Spritzer Spülmittel zuge-ben und ca. 30 Sek. auf hoher Stufe drehen lassen. Mit klarem Wasser ausspülen. Fertig!

6. Sojadrinks sind toll für alle, die auf Milch-produkte verzichten wollen. Aber Achtung: Die vegane Alternative verträgt sich nicht gut mit Zitrusfrüchten! Für eine frische Note im Smoo-thie sorgen stattdessen Beeren, Sanddornsaft oder Acai-Pulver.

7. Viele Zutaten kann man vorbereitet tiefküh-len. So lassen sich auch Kaffee und Kokoswas-ser gut in Eiswürfelformen portionieren.

8. Extrazucker brauchen Smoothies und Säfte nicht. Birnen, Bananen, Trauben und Ananas bringen viel natürliche Süße mit.

9. Zunächst mit wenig Flüssigkeit starten. Ist der Smoothie zu dick, kann man schrittweise mehr Wasser, Milch oder Saft hinzufügen.

10. Wer viele verschiedene Obst und Gemüse-sorten in seinen Drink mixt, ist immer gut mit allen wichtigen Nährstoffen versorgt.

DAS KLEINE ERNÄHRUNGS-ABC

FIT UND GESUND BLEIBEN? DAZU BENÖTIGT UNSER KÖRPER
ENERGIE AUS DER NAHRUNG. MANCHES BRAUCHT ER IN GRÖSSEREN MENGEN,
VON ANDEREN STOFFEN NUR EIN BISSCHEN.

Makronährstoffe (Fette, Kohlenhydrate und Proteine) dienen der Energiegewinnung. Idealerweise sollten Kohlenhydrate mit 55–60 % den Hauptanteil unseres Energiebedarfs decken, gefolgt von 25–30 % Fetten und 10–15 % Proteinen. Daneben gibt es eine Reihe weiterer essenzieller Mikronährstoffe wie Vitamine, Mineralstoffe und Spurenelemente.

FETTE

Sie lassen sich ganz grob in zwei Gruppen unterteilen: die gesättigten und die ungesättigten Fettsäuren. Gesättigte Fettsäuren kommen hauptsächlich in tierischen Lebensmitteln vor, ungesättigte Fettsäuren dagegen in pflanzlichen. Dazu zählen auch die mehrfach ungesättigten Fettsäuren, wie Omega 3 und 6. Sie sind für den Körper essenziell und müssen über die Nahrung aufgenommen werden. Eine ausreichende Aufnahme ungesättigter, vor allem mehrfach ungesättigter Fettsäuren trägt zu einem ausgeglichenen Cholesterinspiegel bei und unterstützt auch die gesunde Entwicklung von Kindern.

KOHLENHYDRATE UND BALLAST-STOFFE

Auch wenn ihnen ein schlechter Ruf anhängt, Kohlenhydrate sind wichtige Helfer für unseren Organismus. Sie liefern Energie, die alle Organe des Körpers versorgt und uns kraftvoll bei unseren Aktivitäten unterstützt.
Eine ganz besondere Rolle haben dabei die Ballaststoffe. Sie sind weitestgehend unverdaulich und liefern daher kaum Energie. Allerdings machen sie schön satt und unterstützen so Diäten. Sie sind verdauungsfördernd und sorgen nach dem Essen für einen langsamen Anstieg der Blutzuckerwerte. Außerdem haben sie einen positiven Einfluss auf den Cholesterinspiegel und schützen so das Herz-Kreislauf-System. Ballaststoffe kommen hauptsächlich in pflanzlichen Lebensmitteln vor, zum Beispiel in Früchten, Gemüse, Nüssen und Vollkornprodukten.

PROTEINE

Sie sind für den menschlichen Körper elementar und dienen dem Aufbau von Körperzellen, Enzymen und Hormonen. Deshalb werden sie auch als »Bausteine des Lebens« bezeichnet. Proteine finden sich in tierischen Produkten wie Milch und Fleisch sowie in pflanzlichen Lebensmitteln, besonders in Hülsenfrüchten.

VITAMINE

Da der menschliche Körper Vitamine nicht selbst herstellen kann, müssen sie über die Nahrung aufgenommen werden. Bisher sind 13 für den menschlichen Organismus essenzielle Vitamine bekannt. Sie lassen sich in zwei Gruppen aufteilen: wasserlösliche und fettlösliche Vitamine. Vitamine steuern Stoffwechselprozesse und ermöglichen so den reibungslosen Ablauf vieler Lebensvorgänge.

MINERALSTOFFE

Auch diese lebensnotwendigen Stoffe kann unser Körper nicht selbst bilden. Wie schon die Vitamine muss er sie über die Nahrung aufnehmen. Sie haben im Körper ganz unterschiedliche wichtige Funktionen: Magnesium beispielsweise ist am Aufbau von Knochen und Zähnen beteiligt, Eisen an der Bildung des roten Blutfarbstoffs Hämoglobin und Chrom an der Regulierung des Blutzuckers.

SPURENELEMENTE

Zu den Mineralstoffen gehören auch die Spurenelemente. Sie werden nur in sehr geringen Mengen (Spuren) vom Körper benötigt, sind aber trotzdem von großer Bedeutung. Ein Mangel daran kann erhebliche Funktionsstörungen verursachen. Zu den Spurenelementen zählen u.a. Eisen, Jod, Kupfer und Selen.

WASSER

Der menschliche Körper besteht zu ca. 60 % aus Wasser. Viele wichtige Körperfunktionen wie die Verdauung, der Transport von Nährstoffen oder die Aufrechterhaltung der Körpertemperatur werden maßgeblich davon beeinflusst. Erwachsenen wird eine tägliche Trinkmenge von 1,5–2 Litern empfohlen. Der Hauptanteil sollte dabei aus Wasser oder anderen ungesüßten Getränken bestehen. Und ausreichendes Trinken lohnt sich, die Liste der Vorteile ist lang: Erhöhung des Energieniveaus, Ausspülen von Toxinen, Verbesserung des Hautbildes, Unterstützung bei Diäten, Vorbeugen von Kopfschmerzen und Krämpfen sind nur einige davon.

SAFT ODER SMOOTHIE ...
... DAS IST DIE FRAGE!

Im Mix- und Filterprozess werden feste von flüssigen Pflanzenteilen getrennt. Das Ergebnis ist ein geballtes Vitamin-Elixier.

GRÖSSERE MENGEN AN OBST UND GEMÜSE
können verarbeitet werden
┈┈> geballte Ladung Vitamine, Mineralien, sekundäre Pflanzenstoffe

BALLAST-STOFFE WERDEN HERAUSGEFILTERT
┈┈> gute Wahl, wenn man der Verdauung eine Pause gönnen möchte (Detox) oder muss (bei Verdauungsproblemen)

PERFEKT FÜR »NICHT-GEMÜSE-FANS«
┈┈> prima Weg, um ein paar grüne Portionen im Obst zu »verstecken«

SEHR ERFRISCHEND
┈┈> im Vergleich zu Smoothies

OHNE BALLASTSTOFFE
┈┈> der Darm kann Vitamine und Mineralstoffe schnell und einfach aufnehmen (Sofort-Energie)

SAFT
↳ gefiltert

VORSICHT

≫ Beim Filtern werden alle Fasern bzw. Ballaststoffe entfernt.

≫ Verlust einiger wertvoller Inhaltsstoffe

≫ Kann (bei Obst) größere Mengen an Zucker enthalten

≫ Nicht sättigend ┈┈> Gefahr, nebenher zu viel davon zu trinken

NEBEN FRÜCHTEN UND OBST
lassen sich auch Nüsse, Honig, Superfoods und eine Extraportion Proteine hineinmixen
····❯ viele tolle Inhaltsstoffe

ALLE NÄHRWERTE BLEIBEN ERHALTEN
····❯ nichts wird herausgefiltert

RUCK, ZUCK GEMACHT
····❯ wenn's mal schnell gehen muss

MACHT SATT
····❯ daher ideal als Zwischenmahlzeit

VOLLSTÄNDIGE UND NATÜRLICHE LEBENSMITTEL
····❯ weniger bearbeitet als Säfte

ENTHALTEN VIELE BALLASTSTOFFE
····❯ positive Wirkung auf Blutzuckerspiegel und Verdauung

SMOOTHIE
↳ ungefiltert

Früchte und Gemüse plus Flüssigkeit (Wasser, Milch, Kokoswasser) werden zu einer cremigen Masse gemixt.

VORSICHT

SMOOTHIES SIND GEHALTVOLL
Je nachdem, was hineingemixt wird, kann ein Smoothie so viele Kalorien wie eine kleine Mahlzeit enthalten. Super, wenn er diese ersetzt (z.B. statt Frühstück), aber nicht zusätzlich zum Essen!

DIE TOP 10 DER SUPERFOODS

HALLO, NEUE SUPERHELDEN – DIE HABEN ES GANZ SCHÖN IN SICH! SUPERFOODS ZEICHNEN SICH DURCH IHR AUSSERGEWÖHNLICHES NÄHRSTOFF-SPEKTRUM UND EINE HOHE VITALSTOFFDICHTE AUS. UND SIE ENTHALTEN TEILS MEDIZINISCH WIRKSAME STOFFE, WAS SIE NOCH WERTVOLLER MACHT.

1. ACEROLA: Mit rund 1500 mg Vitamin C pro 100 g ist die Kirsche eine Vitamin-C-Bombe! Acerola wirkt der Hautalterung entgegen, stärkt das Immunsystem und fördert die Verdauung. In Deutschland kann man sie nicht frisch kaufen. Als Pulver, Saft oder in Tablettenform ist sie aber vielseitig einsetzbar.

2. ARONIABEEREN: Die sauren Beeren sind eine Anti-Aging-Geheimwaffe. Vollgepackt mit Antioxidantien verhindern sie oxidativen Stress und schützen unsere Zellen. Zudem senken sie den Cholesterinspiegel und wirken präventiv gegen Herz-Kreislauf-Erkrankungen, Diabetes und Krebs. Frische Aroniabeeren gibt es für kurze Zeit ab Ende August, getrocknete, Pulver oder Saft das ganze Jahr.

3. CHIA: Die Wundersamen der Mayas gibt es in schwarz und weiß. Beide bringen fünfmal so viel Kalzium mit wie Milch, übertreffen Popeyes Leibspeise im Eisengehalt und sind eine hochwertige, pflanzliche Proteinquelle.

4. GOJI: Mit ihrem einzigartigen Mix aus Inhaltsstoffen und der hohen Vital- und Nährstoffdichte sind sie der Fitnesskick für unser Immunsystem! Manchmal findet man frische Goji-Beeren, getrocknet oder als Saft gibt es sie in jedem Supermarkt.

5. HANFSAMEN: Sie enthalten gesunde Omega-Fettsäuren, alle essenziellen Aminosäuren und einen großen Teil des Vitamin-Abcs. Damit sind sie eine prima Quelle für pflanzliche Proteine und unterstützen den Muskelaufbau und die Entwicklung neuer Zellen. Die Samen gibt es geschält und ungeschält.

6. KOKOSWASSER: Das erfrischende, süßliche Kokoswasser besitzt isotonische Eigenschaften. Damit versorgt es unseren Körper optimal und ist dabei auch fett- und kalorienarm. Frische Kokosnüsse öffnet man mit einem Korkenzieher und fängt dann das Kokoswasser auf – oder man kauft es fertig im Tetrapack.

7. MACA: Der Wurzel der Inkas werden viele positive Wirkungen zugeschrieben: verbesserte Libido, Leistungssteigerung, Hilfe bei Rheuma und Atemwegserkrankungen, Linderung von Wechseljahresbeschwerden und Potenzproblemen sind nur ein Teil davon. Maca ist vorwiegend in Pulver- und Tablettenform im Handel zu haben.

1

10. NÜSSE: Cashew & Co. enthalten viele ungesättigte Fettsäuren, Vitamine und Mineralstoffe. Sie sind leicht verdaulich und machen dank ihres Proteinanteils satt. Damit sind sie ein toller Snack und eine ideale Ergänzung für eine ausgewogene Ernährung.

8. MATCHA: Das grüne Teepulver tut einfach gut, denn es ist reich an Vitamin A, B, C und E. Dank des langsam freigesetzten Koffeins macht es auch noch richtig munter.

9. MAULBEEREN: Sie schützen vor Fältchen, stärken unsere Abwehrkräfte und helfen dem Immunsystem auf die Sprünge. Wegen der schwierigen Lagerung gibt es die Früchte selten frisch, getrocknet sind sie aber in vielen Läden oder online erhältlich.

OBST UND GEMÜSE MIT POWER

SUPERFRÜCHTE UND POWERGEMÜSE GESUCHT? DA MUSS MAN GAR NICHT IN DIE FERNE SCHWEIFEN. EIN BESUCH BEIM GEMÜSEHÄNDLER REICHT AUS, UM DEN KÜHLSCHRANK MIT VITAMINEN, MINERALIEN, BALLAST-STOFFEN UND ANTIOXIDANTIEN ZU FÜLLEN. JE BUNTER DESTO BESSER!

1. APFEL: In jedem Apfel stecken etwa 30 Vitamine und ebenso viele Mineralstoffe und Spurenelemente. Sie senken den Cholesterinspiegel, schützen unser Herz und transportieren Schadstoffe aus dem Körper.
Saison: August bis Oktober frisch vom Baum

2. AVOCADO: Ihre Inhaltsstoffe machen schön, glücklich, liefern Energie und schützen Herz und Nerven. Avocados enthalten viele Vitamine, reichlich einfach ungesättigte Fettsäuren und das »Glückshormon« Serotonin.
Saison: August bis Mai

3. BANANEN: Die gelben Allrounder punkten mit vielen Nährstoffen wie Vitamin C, Kalium, Magnesium, Eisen. Zum Schutz für Herz, Muskeln und unser Immunsystem.
Saison: ganzjährig als Importware

4. BEEREN: Sie unterstützen unser Immunsystem, helfen gegen Bluthochdruck und schlechte Cholesterinwerte. Dabei haben die kleinen Superhelfer wenig Fruchtzucker und schmecken klasse.
Saison: Mai bis Oktober frisch vom Strauch

5. GRÜNKOHL: Das krause Wintergemüse ist die grüne Antwort auf Vitamintabletten. In ihm steckt so ziemlich alles, was uns gesund strahlen lässt: Vitamin A, B und C, Folsäure, Magnesium, Kalium, Eisen und Kalzium.
Saison: November bis Februar feldfrisch

6. KRÄUTER: Küchen- oder Wildkräuter und Blattgemüse gleichen den pH-Wert aus und verfügen über eine gigantische Palette an Inhaltsstoffen. Dazu duften sie wunderbar.
Saison: ganzjährig

7. MÖHREN: Ihr oranger Farbstoff Carotin ist eine Vorstufe von Vitamin A, auch »Augenvitamin« genannt. Neben klarer Sicht gleicht das fettlösliche Vitamin den Cholesterinspiegel aus, schützt unser Herz, wirkt entzündungshemmend und wehrt freie Radikale ab.
Saison: Mai bis Dezember aus dem Freiland

8. ROTE BETE: Der Farbstoff Betanin lässt die Knolle rot erstrahlen und ist ein Radikalenfänger. Damit unterstützt die Rübe unser Immunsystem, hält uns fit und gesund. Vitamin C, Zink und Selen verstärken die Wirkung noch. Saison: September bis März

9. SANDDORN: Bereits 4–6 Beeren decken den Tagesbedarf an Vitamin C. Die Beere zählt zu den Obstsorten mit Vitamin-B12-Gehalt und ist eine tolle Nahrungsergänzung. Saison: Spätsommer und Herbst

10. ZITRUSFRÜCHTE: Grapefruit, Limetten, Orangen & Co. schmecken unterschiedlich, enthalten aber alle eine Extraportion Vitamin C. Das stärkt die Abwehrkräfte, hilft bei der Eisenaufnahme, beugt Herz- und Gefäßkrankheiten vor und fängt freie Radikale ein. Saison: ganzjährig als Importware

LECKERE
FIT-DRINKS

KLARE SACHE

WASSER HÄLT UNS FIT UND GESUND, LÄSST UNSERE HAUT STRAHLEN UND IST
AN ALLEN LEBENSWICHTIGEN PROZESSEN BETEILIGT. OB VERDAUUNG,
REAKTIONSVERMÖGEN ODER HEILUNGSPROZESSE, MIT AUSREICHEND FLÜSSIG-
KEIT GEHT ALLES BESSER. DAMIT ES NICHT LANGWEILIG WIRD, PEPPEN SIE
IHR WÄSSERCHEN MIT KRÄUTERN, FRÜCHTEN ODER SUPERFOODS AUF.
FRÖHLICHES AUFTANKEN MIT H2O & CO.!

APFEL-SANDDORN-SPRITZ

mit frischer Minze

ZUBEREITUNGSZEIT 10 MIN. | PRO GLAS CA. 60 KCAL, 0 G EW, 1 G F, 12 G KH

FÜR 4 GLÄSER (À 250 ML)

2 rote Äpfel (z.B. Pink Lady), 3 Stängel Minze, 4 EL Sanddorn-Muttersaft
(Bioladen oder Reformhaus), 400 ml gekühltes stilles Mineralwasser,
2 Handvoll Eiswürfel, 400 ml kohlensäurehaltiges Mineralwasser
zum Aufgießen

1

Die Äpfel waschen, vierteln und das Kerngehäuse entfernen. Die Viertel
in Stücke schneiden. Die Minze waschen und grob schneiden. Äpfel,
Minze und Sanddornsaft in den Standmixer füllen. Das stille Mineralwasser dazugießen und alles 2–3 Min. mixen.

2

Die Eiswürfel in die Gläser verteilen, den Fruchtmix darübergießen und
mit dem kohlensäurehaltigen Mineralwasser auffüllen.

WUSSTEN SIE SCHON, DASS ...

... der Sanddorn
ursprünglich aus
Asien stammt?

GESUNDHEITS-PLUS

Der Sanddorn ist eine Vitaminbombe. Die leuchtend orangefarbenen Früchte stecken voller Vitamin C, B12 und wertvoller Fettsäuren. Deshalb werden die Beeren besonders gern gegen Erkältung und zur Stärkung des geschwächten Immunsystems nach langen Krankheitsphasen eingesetzt. Neben seiner vitalisierenden Wirkung tut Sanddorn auch der Haut gut. Aus dem Beerensaft gewonnenes Öl wirkt reizlindernd und antientzündlich und hilft so wunder und sonnengestresster Haut. Von August bis Oktober kann »die Zitrone des Nordens« regional geerntet werden. Den Rest des Jahres sind 100-prozentige Muttersäfte eine tolle Alternative.

PFIRSICH-LAVENDEL-COOLER

ZUBEREITUNGSZEIT: 10 MIN. | PRO GLAS CA. 45 KCAL, 1 G EW, 0 G F, 8 G KH

FÜR 4 GLÄSER (À 250 ML)

1 gelbfleischiger Pfirsich, 2 Passionsfrüchte, 400 ml gekühltes
stilles Mineralwasser, 4 Stängel Lavendel (Bioladen oder Gartenmarkt),
2 Handvoll Eiswürfel, 400 ml kohlensäurehaltiges Mineralwasser
zum Aufgießen

Die Pfirsiche waschen, halbieren und entsteinen. Die Hälften in Stücke
schneiden. Die Passionsfrüchte halbieren und das Fruchtfleisch mit
einem Löffel herauslösen.

Pfirsiche und Passionsfruchtfleisch in den Standmixer füllen. Das stille
Mineralwasser dazugießen und alles 2–3 Min. mixen.

Den Fruchtmix durch ein feines Sieb filtern. Den Lavendel waschen.
Eiswürfel und Lavendel in die Gläser verteilen, den Saft darübergießen
und mit dem kohlensäurehaltigen Mineralwasser auffüllen.

WUSSTEN SIE SCHON, DASS …

… Lavendel als Bad bei
Erschöpfungszu-
ständen helfen
kann?

schenkt schöne Haut

ANANAS-KORIANDER-WATER

ZUBEREITUNGSZEIT: 10 MIN. | PRO GLAS CA. 110 KCAL, 1 G EW, 0 G F, 24 G KH

FÜR 4 GLÄSER (À 250 ML)

500 g Ananas, ½ Bund Koriandergrün, 1 Stück Ingwer (2 cm lang),
3 EL Honig, 800 ml gekühltes stilles Mineralwasser, 2 Handvoll Eiswürfel,
400 ml kohlensäurehaltiges Mineralwasser zum Aufgießen

Die Ananas schälen und mit Strunk in Stücke schneiden. Koriandergrün
und Ingwer waschen. Ananas, Koriandergrün, Ingwer und Honig in den
Standmixer füllen. Das stille Mineralwasser dazugießen und
alles 2–3 Min. mixen.

Den Fruchtmix durch ein feines Sieb filtern. Die Eiswürfel in die Gläser
verteilen, den Saft darübergießen und mit dem kohlensäurehaltigen
Mineralwasser auffüllen.

TIPP

Ist die Ananas auch richtig
reif ? Das erkennen Sie
beim Kauf neben dem
intensiven, süßen Duft
daran, dass sich die inneren Blätter leicht aus dem
Schopf ziehen lassen.

ERDBEERE — WASSERMELONE

ZUBEREITUNGSZEIT: 10 MIN. | PRO GLAS CA. 65 KCAL, 1 G EW, 1 G F, 12 G KH

FÜR 4 GLÄSER (À 250 ML)

200 g Erdbeeren, 450 g kernlose Wassermelone, 1 Stängel Minze, 1 ½ Limetten, 60 ml Kokoswasser, 2 Handvoll Eiswürfel, 400 ml kohlensäurehaltiges Mineralwasser zum Aufgießen

1

Die Erdbeeren waschen und entkelchen. Die Melone schälen und in Stücke schneiden. Die Minze waschen und grob schneiden. Erdbeeren, Melone und Minze in den Standmixer füllen.

2

Die Limetten auspressen, den Saft mit dem Kokoswasser dazugießen und alles 2–3 Min. mixen. Die Eiswürfel in die Gläser verteilen, den Fruchtmix darübergießen und mit dem Mineralwasser auffüllen.

— TIPP —

Erdbeeren schmecken vor allem im Sommer richtig toll, und da gibt es die roten Beeren in Hülle und Fülle. Wer auch im Winter nicht auf den beerigen Geschmack verzichten will, bereitet am besten Pürees zu und friert sie ein. Sie beanspruchen weniger Volumen als die tiefgekühlten Beeren.

macht rosigen Teint

APRIKOSE – ROSMARIN

ZUBEREITUNGSZEIT: 10 MIN. | KÜHLZEIT: 1 STD. | PRO GLAS CA. 135 KCAL, 1 G EW, 2 G F, 29 G KH

FÜR 4 GLÄSER (À 250 ML)

4 Aprikosen, 250 g Honigmelone, 1 Zweig Rosmarin, 10 g Kokoschips, 300 ml gekühltes stilles Mineralwasser, 2 Handvoll Eiswürfel,
400 ml kohlensäurehaltiges Mineralwasser zum Aufgießen,
Außerdem: Flasche mit Schraubverschluss (1 l Inhalt)

1

Die Aprikosen waschen, halbieren und entsteinen. Die Melone schälen
und die Kerne herausschaben. Aprikosen und Melone in Stücke
schneiden. Den Rosmarin waschen und die Spitze abzupfen.

2

Früchte, Rosmarinspitze und Kokoschips in den Standmixer füllen. Das
stille Mineralwasser dazugießen und alles 2–3 Min. mixen.

3

Den restlichen Rosmarinzweig in die Flasche stecken und den Fruchtmix
hineinfüllen. Die Flasche verschließen und den Fruchtmix mindestens
1 Std. oder über Nacht im Kühlschrank ziehen lassen.

4

Die Eiswürfel in die Gläser verteilen, den Fruchtmix darübergießen und
mit dem kohlensäurehaltigen Mineralwasser auffüllen.

WUSSTEN SIE SCHON, DASS …

… lateinisch »rosmarinus«
übersetzt Tau des
Meeres bedeutet?

Immunboost

BLAUE ERFRISCHUNG

beerig-spritzig

ZUBEREITUNGSZEIT: 10 MIN. | PRO GLAS CA. 75 KCAL, 1 G EW, 0 G F, 15 G KH

FÜR 4 GLÄSER (À 250 ML)

500 g Honigmelone, 200 g Heidelbeeren, 2 Stängel Minze, 300 ml gekühltes kohlensäurehaltiges Mineralwasser, 2 Handvoll Eiswürfel

Die Honigmelone schälen, die Kerne herausschaben und das Fruchtfleisch in Stücke schneiden. Die Heidelbeeren verlesen und waschen. Die Minze ebenfalls waschen.

Melone, Beeren und Minze in den Standmixer füllen. Das Mineralwasser dazugießen und alles 2–3 Min. mixen.

Die Eiswürfel in die Gläser verteilen und mit dem Fruchtmix aufgießen. Das Agua Fresca sofort servieren.

... Beeren weniger
Zucker und Kalorien
enthalten als andere
Früchte?

GESUNDHEITS-PLUS

Aguas frescas sind leichte Getränke ohne Alkohol, die in
Zentralamerika, der Karibik und vor allem in Mexiko beliebt
sind. Die Verbindung aus frischen Früchten, Samen, Blüten,
weiteren Zutaten und sprudelndem Mineralwasser machen
sie zur idealen leichten Sommererfrischung. Geeignet für die
bunten Drinks sind alle frischen Obst- und Gemüsesorten
mit hohem Wasseranteil. Empfehlenswert für die Frescas
sind Früchte mit starkem Geschmack und hohem Eigen-
zuckeranteil. So spart man zusätzlichen Zucker – und alles
bleibt sommerlich leicht und frisch.

Verjüngungskur

TRAUBEN-FENCHEL-WASSER

ZUBEREITUNGSZEIT: 10 MIN. | KÜHLZEIT: 4 STD. |
PRO FLASCHE CA. 95 KCAL, 1 G EW, 1 G F, 20 G KH
FÜR 2 FLASCHEN (À 500 ML)
1 grüner Apfel, 100 g grüne kernlose Weintrauben, 1 TL Fenchelsamen,
1 l gekühltes stilles Mineralwasser

Den Apfel waschen und das Kerngehäuse mit einem Apfelausstecher
entfernen. Den Apfel dann in sehr dünne Ringe schneiden. Die Weintrauben waschen, von den Rispen zupfen und halbieren.

Apfelscheiben und Trauben auf die Flaschen verteilen. Jeweils ½ TL Fenchelsamen zugeben und mit dem Mineralwasser auffüllen.

Die Flaschen verschließen und das Wasser ca. 4 Std. oder über Nacht
im Kühlschrank ziehen lassen.

WUSSTEN SIE SCHON, DASS …

… Trauben Super-
power für schöne
Haut besitzen?

erfrischend leicht

GURKEN-LIMETTEN-FRESCA

ZUBEREITUNGSZEIT: 10 MIN. | PRO GLAS CA. 85 KCAL, 1 G EW, 1 G F, 15 G KH
FÜR 4 GLÄSER (À 250 ML)
800 g Salatgurke, 4 Stängel Minze, 4 Limetten, 4 EL Demerara-Zucker
(ersatzweise brauner Zucker), 2 Gläser Crushed Ice , 400 ml kohlensäurehaltiges Mineralwasser zum Aufgießen

Die Gurke waschen und in Stücke schneiden. Die Minze waschen,
die Limetten auspressen. Gurke, Minze, Limettensaft und Zucker in den
Standmixer füllen und 2–3 Min. mixen.

Den Gurkenmix durch ein feines Sieb filtern. Das Eis in die Gläser verteilen, den Gurkensaft darübergießen und mit dem Mineralwasser auffüllen.

--- **TIPP** ---

Wenn beim Mixen mal
Kräuter übrig bleiben,
einfach fein hacken, mit
etwas Wasser in Eiswür-
felförmchen füllen und
tiefkühlen. Die Kräuter-
würfel können Sie dann
prima für Säfte oder
Smoothies verwenden.

sanftes Detox

BEAUTY WATER

ohne Schnickschnack

ZUBEREITUNGSZEIT: 10 MIN. | KÜHLZEIT: 4 STD. |
PRO FLASCHE CA. 17 KCAL, 0 G EW, 0 G F, 3 G KH

FÜR 2 FLASCHEN (À 500 ML)

1 Bio-Clementine, ½ Bio-Zitrone, 2 TL Apfel-Balsamessig, 1 l gekühltes
stilles Mineralwasser

Clementine und Zitrone heiß abwaschen, abtrocknen und in dünne
Scheiben schneiden. Die Scheiben auf die Flaschen verteilen, jeweils
1 TL Balsamico dazugeben und mit dem Mineralwasser auffüllen.

Die Flaschen verschließen und das Wasser ca. 4 Std. oder über Nacht
im Kühlschrank ziehen lassen.

GESUNDHEITS-PLUS

Orange, Mandarine, Zitrone und Grapefruit – Zitrusfrüchte
sind die wahren Winterstars. Sie schmecken nicht nur lecker,
sondern unterstützen zusätzlich auch unsere Immunabwehr.
Neben einer großen Portion Vitamin C, dem Blutdrucksenker
Kalium und vielen Antioxidantien enthalten Zitrusfrüchte
Flavonoide. Diese sekundären Pflanzenstoffe haben eine
ganze Menge auf dem Kasten: Blutdruck senken, Cholesterinspiegel regulieren und Arteriosklerose verhindern
sind nur einige ihrer Superkräfte. Ganz nebenbei enthalten
Orangen & Co. noch Folsäure und Vitamin B – beides extrem
wichtig in der Schwangerschaft.

WUSSTEN SIE SCHON, DASS ...

... milde Essigsorten
in Getränken bei
Magenverstimmun-
gen helfen?

33

ERDBEERE – BASILIKUM

ZUBEREITUNGSZEIT: 10 MIN. | KÜHLZEIT: 4 STD. |
PRO FLASCHE CA. 30 KCAL, 1 G EW, 0 G F, 6 G KH
FÜR 2 FLASCHEN (À 500 ML)
200 g Erdbeeren, 2 Stängel Basilikum, 1 l gekühltes stilles Mineralwasser

1

Die Erdbeeren waschen, entkelchen und halbieren. Das Basilikum
waschen und trocken tupfen. Die Blätter von den Stängeln zupfen und im
Mörser leicht andrücken.

2

Erdbeeren und Basilikum auf die Flaschen verteilen und mit dem
Mineralwasser auffüllen. Die Flaschen verschließen und das Wasser
ca. 4 Std. oder über Nacht im Kühlschrank ziehen lassen.

WUSSTEN SIE SCHON, DASS ...

… die Naturheilkunde
Basilikum gegen Übel-
keit und Entzündungen
einsetzt?

sanfter Schlankmacher

ANANAS – GURKE

ZUBEREITUNGSZEIT: 10 MIN. | KÜHLZEIT: 4 STD. |
PRO FLASCHE CA. 45 KCAL, 1 G EW, 0 G F, 9 G KH

FÜR 2 FLASCHEN (À 500 ML)

150 g Salatgurke, 200 g Ananas, 4 Stängel Minze, 1 l gekühltes
stilles Mineralwasser

Die Gurke waschen und in Scheiben schneiden. Die Ananas schälen
und mit Strunk in kleine Stücke schneiden. Die Minze waschen und mit
den Händen kurz zusammendrücken.

Gurke, Ananas und Minze auf die Flaschen verteilen und mit dem
Mineralwasser auffüllen. Die Flaschen verschließen und das Wasser
ca. 4 Std. oder über Nacht im Kühlschrank ziehen lassen.

TIPP

So klappt das Schälen
und Teilen der Ananas:
Zuerst den Blattschopf
mit einem Küchentuch
umwickeln und im Uhrzei-
gersinn herausdrehen. Die
Ananas dann aufrecht auf
ein Schneidebrett stellen
und längs halbieren. Die
Hälften nochmals längs
teilen. Jeweils den Strunk
herausschneiden und das
Fruchtfleisch portionieren.

entschlackend

RED DEVIL

mit Sauerkirschen und Minze

ZUBEREITUNGSZEIT: 10 MIN. | PRO GLAS CA. 40 KCAL, 1 G EW, 0 G F, 7 G KH

FÜR 4 GLÄSER (À 250 ML)

3 Stängel Minze, 300 g TK-Sauerkirschen (entsteint), 1 Prise Zimtpulver,
250 ml gekühltes stilles Mineralwasser, 400 ml kohlensäurehaltiges
Mineralwasser zum Aufgießen

Die Minze waschen. Die Stängel mit Kirschen und Zimt in den Standmixer
füllen. Das stille Mineralwasser dazugießen und alles 2–3 Min. mixen.

Den Fruchtmix auf die Gläser verteilen und mit dem kohlensäurehaltigen
Mineralwasser auffüllen.

WUSSTEN SIE SCHON, DASS ...

… Kirschkern-
weitspucken seit
1974 eine WM-Diszi-
plin ist?

GESUNDHEITS-PLUS

Kirschen gehören zum Sommer wie Bikini und Strohhut,
lassen uns an Kindheit, Ferien und glückliche Stunden
zurückdenken. Neben schönen Erinnerungen haben die
sauren Baumfrüchte aber auch eine ganze Reihe handfester
Gesundheitsargumente zu bieten: Sauerkirschsaft senkt
den Harnsäurespiegel und kann somit Gicht vorbeugen.
Anthocyan, der Farbstoff der Kirsche, ist entzündungshemmend, schmerzlindernd und besitzt eine antioxidative
Wirkung. Die rote Frucht liefert zudem viel Folsäure, sehr
wichtig in der Schwangerschaft. Neben B- und C-Vitaminen
sind Kirschen reich an Mineralstoffen wie Kalium, Kalzium
und Magnesium und tun damit Knochen und Gelenken gut.

Erkältungskiller

VITAMIN-C-WASSER

ZUBEREITUNGSZEIT: 10 MIN. | KÜHLZEIT: 4 STD. |
PRO FLASCHE CA. 65 KCAL, 1 G EW, 1 G F, 13 G KH

FÜR 2 FLASCHEN (À 500 ML)

1 Bio-Orange, 2 Kiwis, 1 l gekühltes stilles Mineralwasser

1

Die Orange heiß abwaschen, abtrocknen und in dünne Scheiben schneiden. Sehr große Scheiben nochmals halbieren. Die Kiwis schälen und ebenfalls in dünne Scheiben schneiden.

2

Die Orangen- und Kiwischeiben auf die Flaschen verteilen und mit dem Mineralwasser auffüllen. Die Flaschen verschließen und das Wasser ca. 4 Std. oder über Nacht im Kühlschrank ziehen lassen.

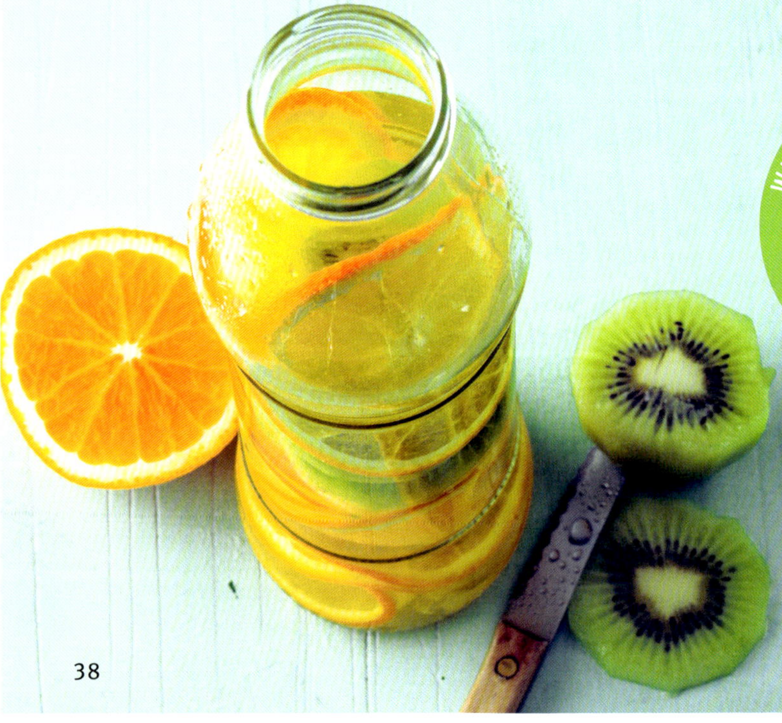

WUSSTEN SIE SCHON, DASS ...

... Vitamin C auch den Geist anregt und bei Müdigkeit hilft?

Ommmmm ...

VANILLE-PFLAUMEN-WASSER

ZUBEREITUNGSZEIT: 10 MIN. | KÜHLZEIT: 4 STD. |
PRO FLASCHE CA. 100 KCAL, 1 G EW, 0 G F, 20 G KH

FÜR 2 FLASCHEN (À 500 ML)

2 große Pflaumen (à 200 g), 1 Vanilleschote, 1 l gekühltes
stilles Mineralwasser

Die Pflaumen waschen, halbieren und entsteinen. Die Hälften in
dünne Scheiben schneiden und auf die Flaschen verteilen. Die Vanilleschote längs aufschneiden und das Mark herausschaben.

Jeweils ½ Schote und die Hälfte vom Vanillemark in die Flaschen geben
und mit dem Mineralwasser auffüllen. Die Flaschen verschließen und das
Wasser ca. 4 Std. oder über Nacht im Kühlschrank ziehen lassen.

TIPP

Frische Vanilleschoten erkennen Sie an ihrer elasti-
schen und geschmeidigen
Beschaffenheit. Trockene
Schoten sind alt und ha-
ben weniger Geschmack.

39

ZITRONENGRAS-AROMAWASSER

mit Himbeere und Clementine

ZUBEREITUNGSZEIT: 10 MIN. | KÜHLZEIT: 4 STD. |
PRO FLASCHE CA. 30 KCAL, 1 G EW, 0 G F, 6 G KH

FÜR 2 FLASCHEN (À 500 ML)

2 Stängel Zitronengras, 70 g Himbeeren, 1 Clementine, 1 l gekühltes
stilles Mineralwasser

Die äußeren Blätter vom Zitronengras entfernen und die Stängel mit
einem Nudelholz oder Mörserstößel leicht zerstoßen. Die Himbeeren
verlesen und waschen, die Clementine auspressen.

Himbeeren und Clementinensaft auf die Flaschen verteilen. Je 1 Zitronen-
grasstängel hineinstecken und mit dem Mineralwasser auffüllen.

Die Flaschen verschließen und das Wasser ca. 4 Std. oder über Nacht im
Kühlschrank ziehen lassen.

GESUNDHEITS-PLUS

Im botanischen Sinne ist die Himbeere gar keine echte Beere, sondern gehört zur Gruppe der Rosengewächse. Wer die roten Früchte zwischen Juni und Oktober ernten möchte, muss sich deshalb gegen ein paar Dornen durchsetzen. Aber der Kampf lohnt sich! Die kalorienarme Nascherei steckt voller Vitamine, Mineral- und Ballaststoffe, Antioxidantien und natürlicher Farbstoffe mit gesundheitsfördernder Wirkung. Vor allem B-Vitamine zur Stärkung der Nerven und für einen gesunden Stoffwechsel und Vitamin C für vitale Abwehrkräfte machen die Himbeere zur Superfrucht.

WUSSTEN SIE SCHON, DASS ...

... eine Zitronengras-staude bis zu 2 m hoch werden kann?

AGUA FRESCA MIT MELONE

Sommer pur

ZUBEREITUNGSZEIT: 10 MIN. |
PRO GLAS CA. 100 KCAL, 3 G EW, 1 G F, 20 G KH

FÜR 4 GLÄSER (À 250 ML)

600 g gekühlte Cantaloupe-Melone, 3 Passionsfrüchte, 2 EL Granatapfelsirup, 300 ml gekühltes stilles Mineralwasser, 400 ml kohlensäurehaltiges Mineralwasser zum Aufgießen

Die Melone schälen, die Kerne herausschaben und das Fruchtfleisch
in kleine Stücke schneiden. Die Passionsfrüchte halbieren und das
Fruchtfleisch mit einem Löffel herauslösen. Melone, Passionsfruchtfleisch und Granatapfelsirup in den Standmixer füllen.

Das stille Mineralwasser dazugießen und alles 2–3 Min. mixen.
Den Fruchtmix auf die Gläser verteilen und mit dem kohlensäurehaltigen
Mineralwasser auffüllen.

GESUNDHEITS-PLUS

Passionsfrüchte oder Maracujas enthalten viel Vitamin C, B-Vitamine sowie Niacin und Riboflavin. Riboflavin ist für den Energie- und Proteinstoffwechsel wichtig. In den Kernen der exotischen Frucht verstecken sich außerdem ungesättigte Fettsäuren. Die Frucht mit dem schönen Namen stammt ursprünglich aus Südamerika. Heute wird sie in verschiedenen tropischen Ländern angebaut. Achten Sie beim Kauf darauf, dass die Früchte schwer sind und eine etwas schrumpelige Haut haben. Bei Raumtemperatur halten sich die Früchte einige Tage, im Kühlschrank ca. 1 Woche und im Tiefkühlfach sogar bis zu 6 Monaten.

WUSSTEN SIE SCHON, DASS …

… im Amazonasgebiet über 200 Passionsgewächse gedeihen?

FRUCHTIKUS

VITAMINE UND MINERALSTOFFE LASSEN UNS STRAHLEN, KREATIV DENKEN UND KÜSSEN UNSERE ENERGIEZENTREN WACH. DESHALB GIBT ES HIER AUCH EINE GROSSE EXTRAPORTION DAVON. MIT FRISCHEN LIMOS UND GRANITAS, SUPERSÄFTEN UND MILCHFREIEN SMOOTHIES WIRD ES AUSSERDEM RICHTIG SCHÖN BUNT IM GLAS!

der Sanfte

MANGO-ROTE-BETE-SMOOTHIE

ZUBEREITUNGSZEIT: 10 MIN. | PRO GLAS CA. 70 KCAL, 1 G EW, 0 G F, 16 G KH

FÜR 4 GLÄSER (À 250 ML)

1 kleine Mango, 1 kleine Rote Bete (90 g), 4 EL Ahornsirup, 3 Orangen,
250 ml gekühltes stilles Mineralwasser, 2 Gläser Crushed Ice

Die Mango halbieren, schälen und das Fruchtfleisch in kleinen Stücken
vom Stein schneiden. Die Rote Bete waschen und in kleine Stücke
schneiden. Mango, Rote Bete und Ahornsirup in den Standmixer füllen.

Die Orangen auspressen und den Saft mit dem Mineralwasser dazugießen. Das Eis zugeben und alles 2–3 Min. mixen. Den Smoothie in die
Gläser füllen und servieren.

TIPP

Wer keinen Ahornsirup im
Haus hat, kann stattdes-
sen auch Agavendicksaft,
Honig oder Zuckerrübensi-
rup (Goldsaft) verwenden.

vitalisierend

HIPSTER JUICE

ZUBEREITUNGSZEIT: 10 MIN. | PRO GLAS CA. 105 KCAL, 2 G EW, 1 G F, 23 G KH

FÜR 4 GLÄSER (À 250 ML)

2 kleine Mangos, 180 g rote Weintrauben, 80 g Spinat,
300 ml Kokoswasser, ½ Glas Crushed Ice

1

Die Mangos halbieren, schälen und das Fruchtfleisch in kleinen Stücken
vom Stein schneiden. Die Weintrauben waschen und von den
Rispen zupfen. Den Spinat ebenfalls waschen.

2

Mango, Trauben und Spinat in den Standmixer füllen. Kokoswasser und
Crushed Ice zugeben und alles 2–3 Min. mixen. Den Smoothie in die
Gläser füllen und servieren.

WUSSTEN SIE SCHON, DASS ...

... Spinat im Mittelalter als Färbemittel und Tinte genutzt wurde?

47

schichtweise Glück

HAPPINESS-MIX

mit Mango, Johannisbeere und Grünkohl

ZUBEREITUNGSZEIT: 15 MIN. | PRO GLAS CA. 295 KCAL, 9 G EW, 15 G F, 29 G KH

FÜR 4 GLÄSER (À 250 ML)

1 Mango, 1 Limette, 50 ml Kokosmilch, 2 EL geschrotete Hanfsamen,
150 g TK-Rote-Johannisbeeren, 120 g Joghurt (3,5 % Fett), 2 EL Honig,
80 g TK-Grünkohl, 75 g Cashewkerne, 120 ml Milch (3,5 % Fett)

Die Mango halbieren, schälen und das Fruchtfleisch in kleinen Stücken
vom Stein schneiden. Die Limette auspressen. Mango, Limettensaft,
Kokosmilch und Hanfsamen in den Standmixer füllen und 2–3 Min.
mixen. Den Smoothie auf die Gläser verteilen.

Den Mixer reinigen. Dann Johannisbeeren, Joghurt und Honig einfüllen
und cremig mixen. Den rosafarbenen Mix gleichmäßig auf die erste
Smoothieschicht gießen.

Den Mixer wieder ausspülen und Grünkohl, Cashewkerne und Milch
darin cremig mixen. Den grünen Smoothie als letzte Schicht in die Gläser
füllen und servieren.

GESUNDHEITS-PLUS

Hanf im Smoothie? Ja genau, denn die kleinen Samen sind nicht nur was für Hippies sondern auch für alle Superfood-Fans. Mit ihrem hohen Anteil an Ballaststoffen, Proteinen und Omega-3-Fettsäuren sind sie eine ideale Nahrungs-ergänzung für Sportler, Veganer und Gesundheitsfans. Hanfsamen lassen sich wunderbar beim Backen in den Teig rühren oder in Joghurts, Smoothies und Müslis einsetzen.

WUSSTEN SIE SCHON, DASS ...

… Hanffasern vor der Nutzung von Baumwolle wichtige Textilfasern waren?

Vitaminpower

ACEROLA – KIWI

ZUBEREITUNGSZEIT: 10 MIN. | PRO GLAS CA. 95 KCAL, 1 G EW, 1 G F, 20 G KH

FÜR 4 GLÄSER (À 250 ML)

1 ½ grüne Äpfel, 1 Mango, 2 gelbe Kiwis, 200 ml gekühltes stilles Mineralwasser, 5 EL Acerola-Muttersaft (Bioladen oder Reformhaus)

Die Äpfel waschen, vierteln und das Kerngehäuse entfernen. Die Viertel
in Stücke schneiden. Die Mango halbieren, schälen und das Fruchtfleisch
in kleinen Stücken vom Stein schneiden. Die Kiwis schälen und
in Stücke schneiden.

Äpfel, Mango und Kiwis in den Standmixer füllen. Mineralwasser
und Acerolasaft dazugießen und alles 2–3 Min. mixen. Den Smoothie in
die Gläser füllen und servieren.

TIPP

Gelbe Kiwis enthalten fast
kein eiweißspaltendes
Enzym Actinidin. Anders
als ihre grünfleischigen
Schwestern vertragen sie
sich deshalb problemlos
mit Milchprodukten wie
Joghurt & Co.

mit reichlich Ballaststoffen

BIRNE – BROMBEERE

ZUBEREITUNGSZEIT: 10 MIN. |
PRO GLAS CA. 135 KCAL, 2 G EW, 1 G F, 29 G KH
FÜR 4 GLÄSER (À 250 ML)
1 ½ Birnen (z.B. Williams Christ), 150 g Brombeeren, 2 Zitronen,
80 g Bananenchips, 300 ml Kokoswasser

1

Die Birnen waschen, vierteln und das Kerngehäuse entfernen.
Die Viertel in kleine Stücke schneiden. Die Brombeeren waschen.
Die Zitronen auspressen.

2

Birnen, Zitronensaft, Brombeeren und Bananenchips in den Standmixer
füllen. Das Kokoswasser dazugießen und alles 2–3 Min. mixen. Den
Smoothie in die Gläser füllen und servieren.

WUSSTEN SIE SCHON, DASS ...

... Birnen bei Blut-
hochdruck helfen
können?

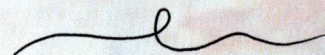
entgiftend

KRÄUTER-LIMO

mit Apfel und Birne

ZUBEREITUNGSZEIT: 30 MIN. | KÜHLZEIT: 2 STD. | PRO GLAS CA. 95 KCAL, 0 G EW, 0 G F, 22 G KH

FÜR 4 GLÄSER (À 250 ML)

1 Birne, ½ grüner Apfel, 1 Zitrone, 1 Zweig Rosmarin, 2 Zweige Thymian,
1 Stängel Zitronengras, 75 g Apfelsüße, 600 ml kohlensäurehaltiges
Mineralwasser zum Aufgießen

Birne und Apfel waschen, vierteln und das Kerngehäuse entfernen. Die
Viertel in Stücke schneiden und in einen Topf geben. Die Zitrone
auspressen und den Saft dazugießen. Rosmarin und Thymian waschen.
Die äußeren Blätter vom Zitronengras entfernen und den Stängel mit
einem Nudelholz oder Mörserstößel weich klopfen. Mit den
Kräutern in den Topf geben.

Apfelsüße und 300 ml Wasser zugießen und alles abgedeckt bei
schwacher Hitze ca. 20 Min. köcheln lassen. Danach in den Standmixer
füllen und 2–3 Min. mixen. Den Kräutermix durch ein feines Sieb streichen und ca. 2 Std. in den Kühlschrank stellen.

Die Gläser zur Hälfte mit dem Kräutermix füllen und mit dem
Mineralwasser auffüllen.

── GESUNDHEITS-PLUS ──

Thymian und Rosmarin gehören zu den Kräuterklassikern
in der Mittelmeerküche. Dank ihres würzigen, leicht bit-
teren Geschmacks wirken sie erfrischend und belebend.
So passen die aromatischen Sonnenkräuter wunderbar zu
sommerlichen Limos und Säften, Gesundheits-Plus inklusi-
ve! Die Thymianblättchen wirken nämlich antibakteriell, des-
infizierend und schmerzlindernd. Perfekt zur Bekämpfung
von Sommergrippe, Husten und Bronchitis. Rosmarin regt
Kreislauf und Verdauung an und fördert die Durchblutung.
Das Ergebnis: rosiger Teint und Vitalität pur.

WUSSTEN SIE SCHON, DASS ...

... Apfelsüße in der
veganen Ernährung als
Honigersatz genutzt
wird?

FITNESS-GRANITA

mit Kokos und Limette

ZUBEREITUNGSZEIT: 10 MIN. | TIEFKÜHLZEIT: 4 STD. | PRO GLAS CA. 70 KCAL, 1 G EW, 2 G F, 13 G KH

FÜR 4 GLÄSER (À 250 ML)
4 Orangen, 2 Limetten, 300 ml Kokoswasser

1

Orangen und Limetten auspressen. Orangen- und Limettensaft mit dem Kokoswasser in den Standmixer füllen und kurz verquirlen.

2

Den Saftmix in eine flache Form gießen und ca. 4 Std. tiefkühlen. Dabei alle 30 Min. mit einer Gabel durchrühren, sodass kleine Eiskristalle entstehen. Die fertige Granita in die Gläser füllen und sofort mit Löffeln servieren.

┌─ GESUNDHEITS-PLUS ─┐

Limetten stammen ursprünglich aus Asien, vermutlich haben Kreuzfahrer sie nach Europa gebracht. Allerdings fühlen sich die immergrünen Bäume und Sträucher im mollig Warmen am wohlsten und gehen bei Frost sogar ein. Mexiko, Indien, Sri Lanka, Kenia, Brasilien – auf Fernreisen kann man die kleinen grünen Früchte in verschiedenen Sorten frisch ernten. Aber auch in Deutschland sind Limetten überall erhältlich und werden gern zum Würzen und Verfeinern eingesetzt. Ihrer großen gelben Schwester ist die quietschsaure Frucht im Vitamin-C-Gehalt zwar leicht unterlegen, doch muss sie sich mit 44 mg auf 100 g trotzdem nicht verstecken. Kalium für Herz und Muskeln und Kalzium für gesunde Knochen gibt es gratis auch noch dazu.

WUSSTEN SIE SCHON, DASS ...

… Limettenbäume das ganze Jahr über Früchte tragen?

Frische pur

WASSERMELONEN-SLUSH

ZUBEREITUNGSZEIT: 10 MIN. | TIEFKÜHLZEIT: 4 STD. | PRO GLAS CA. 85 KCAL, 1 G EW, 1 G F, 17 G KH

FÜR 4 GLÄSER (À 250 ML)

850 g kernlose Wassermelone, 2 Limetten, 2 Stängel Basilikum

Die Melone schälen und in kleine Stücke schneiden. Die Limetten auspressen, das Basilikum waschen. Melone, Limettensaft und Basilikum in den Standmixer füllen und 2–3 Min. mixen.

Den Mix in eine flache Form gießen und ca. 4 Std. tiefkühlen. Dabei alle 30 Min. mit der Gabel durchrühren, sodass kleine Eiskristalle entstehen.

Die Eiskristalle danach in den Standmixer füllen und ca. 3 Min. mixen. Den Slush in die Gläser verteilen und mit Strohhalmen servieren.

TIPP

Ist noch Wassermelone übrig? Na dann schnell noch Eis am Stiel machen: Dafür die Wassermelone in kleine Dreiecke schneiden, jeweils 1 Holzstäbchen hineinstecken und ab ins Gefrierfach. Nach ca. 4 Std. ist die coole Erfrischung fertig.

Radikalenfänger

GRÜNTEE-LITSCHI-GRANITA

ZUBEREITUNGSZEIT: 30 MIN. | TIEFKÜHLZEIT: 4 STD. | PRO GLAS CA. 85 KCAL, 1 G EW, 1 G F, 19 G KH

FÜR 4 GLÄSER (À 250 ML)

3 Beutel grüner Tee, 40 Litschis, 200 g TK-Himbeeren

1

Für den Tee 500 ml Wasser aufkochen und die Teebeutel ca. 5 Min. darin ziehen lassen. Den Tee dann in ca. 20 Min. ganz abkühlen lassen.

2

Inzwischen die Litschis schälen, halbieren und entsteinen. Litschis, Himbeeren und Tee in den Standmixer füllen und 2–3 Min. mixen.

3

Den Litschimix in eine flache Form gießen und ca. 4 Std. tiefkühlen. Dabei alle 30 Min. mit einer Gabel durchrühren, sodass kleine Eiskristalle entstehen. Die fertige Granita in die Gläser füllen und sofort mit Löffeln servieren.

WUSSTEN SIE SCHON, DASS ...

... Litchis kleine Vitamin-C-Bomben sind?

Anti-Aging

GOJI-INGWER-BRAUSE

Sunblocker zum Trinken

ZUBEREITUNGSZEIT: 25 MIN. | KÜHLZEIT: 2 STD. | PRO GLAS CA. 45 KCAL, 0 G EW, 0 G F, 10 G KH

FÜR 4 GLÄSER (À 250 ML)

1 Stück Ingwer (2 cm lang), 1 Bio-Zitrone, 35 ml Goji-Saft, 2 EL Honig,
2 Handvoll Eiswürfel, 750 ml kohlensäurehaltiges Mineralwasser
zum Aufgießen

Den Ingwer waschen und in kleine Stücke schneiden. Die Zitrone heiß
abwaschen und abtrocknen. Die Schale mit einem Sparschäler abziehen
und den Saft auspressen. Ingwer, Zitronensaft und -schale, Goji-Saft,
Honig und 200 ml Wasser in einen Topf geben.

Alles unter Rühren kurz aufkochen, bis sich der Honig aufgelöst hat,
und ca. 15 Min. ziehen lassen. Den Sirup danach durch ein feines Sieb
gießen und ca. 2 Std. in den Kühlschrank stellen.

Die Eiswürfel in die Gläser verteilen, den Sirup darübergießen und mit
dem Mineralwasser auffüllen.

GESUNDHEITS-PLUS

Goji-Beeren sind ein absoluter Klassiker unter den Superfoods. Die kleinen roten Früchte werden auch Wolfsbeeren
oder Glücksbeeren genannt. Die Heimat der Happy Berry
liegt in China und der Mongolei. Seit vielen Jahrtausenden
wird sie dort als Heilmittel in der Traditionellen Chinesischen
Medizin genutzt. Dank ihrer enormen Nähr- und Vitalstoffdichte sind Goji-Beeren auch in Europa und den USA sehr
beliebt. Zu Recht, denn die Liste der Super-Inhaltsstoffe liest
sich wie eine Glücksformel: essenzielle Fett- und Aminosäuren, eine Extradosis Betacarotin, Vitamin C, B und E,
21 Spurenelemente und mehr Eisen als Spinat.

WUSSTEN SIE SCHON, DASS ...

… Kolumbus 1493 die
ersten Zitronenkerne
nach Amerika
brachte?

ERDBEER-RHABARBER-LIMO

ZUBEREITUNGSZEIT: 20 MIN. | KÜHLZEIT: 2 STD. | PRO GLAS CA. 35 KCAL, 0 G EW, 0 G F, 7 G KH

FÜR 4 GLÄSER (À 250 ML)

75 g Rhabarber (ersatzweise TK-Rhabarber), 100 g Erdbeeren (ersatzweise TK-Erdbeeren), 3 EL Apfelsüße, 1 TL Aronia-Pulver (Bioladen oder Reform-haus), 750 ml kohlensäurehaltiges Mineralwasser zum Aufgießen

1

Den Rhabarber waschen und die Stangen in grobe Stücke schneiden. Die Erdbeeren waschen und entkelchen. Erdbeeren, Rhabarber, Apfelsüße, Aronia-Pulver und 120 ml Wasser in einen Topf geben. Aufkochen und 5–10 Min. köcheln lassen, bis die Früchte weich sind.

2

Die Früchte samt Sud in den Standmixer füllen und in 2–3 Min. fein pürieren. Den Fruchtmix ca. 2 Std. kühlen. Danach auf die Gläser vertei-len und mit dem Mineralwasser auffüllen.

WUSSTEN SIE SCHON, DASS …

… Rhabarber eines der ersten Gemüse ist, die nach dem Winter ge-erntet werden?

rote Wunderwaffe

GRANATAPFEL-KOKOS-SHAKE

ZUBEREITUNGSZEIT: 10 MIN. | PRO GLAS CA. 120 KCAL, 1 G EW, 5 G F, 17 G KH

FÜR 4 GLÄSER (À 250 ML)

1 Beutel grüner Tee, 1 Granatapfel, 1 Mango, 160 g Heidelbeeren,
6 TL Kokosmus, 2 Gläser Crushed Ice

Für den Tee 200 ml Wasser aufkochen und den Teebeutel ca. 5 Min.
darin ziehen lassen.

Inzwischen die Kerne aus dem Granatapfel lösen. Die Mango halbieren,
schälen und das Fruchtfleisch in Stücken vom Stein schneiden. Die
Heidelbeeren waschen.

Tee, Granatapfelkerne, Mango, Beeren, Kokosmus und Eis in den
Standmixer füllen und 2–3 Min. mixen. Den Shake in die Gläser füllen.

— TIPP —

Kokosmus kann man ganz einfach selbst machen. Dazu braucht man einen leistungsstarken Standmixer und 750 g Kokosraspel. Die Raspel kurz in einer beschichteten Pfanne ohne Fett anrösten, abkühlen lassen und dann mixen. Dabei immer wieder stoppen und die Raspel zusammenschieben. Das Mus in ein sterilisiertes Twist-off-Glas füllen, gekühlt ist es 8–10 Wochen haltbar.

Schlankmacher

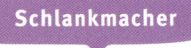

HERBST-SMOOTHIE

mit Cranberrys und Zwetschgen

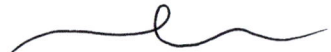

ZUBEREITUNGSZEIT: 10 MIN. | PRO GLAS CA. 265 KCAL, 6 G EW, 6 G F, 43 G KH

FÜR 4 GLÄSER (À 250 ML)

400 g Zwetschgen, 4 Orangen, 120 g getrocknete Cranberrys, 4 EL geschrotete Leinsamen, 4 EL Sanddorn-Muttersaft (Bioladen oder Reformhaus), 2 Gläser Crushed Ice

1

Die Zwetschgen waschen, halbieren und entsteinen. Die Hälften in Stücke schneiden. Die Orangen auspressen.

2

Zwetschgen, Orangensaft, Cranberrys, Leinsamen, Sanddornsaft und Eis in den Standmixer füllen und 2–3 Min. mixen. Den Smoothie in die Gläser gießen und servieren.

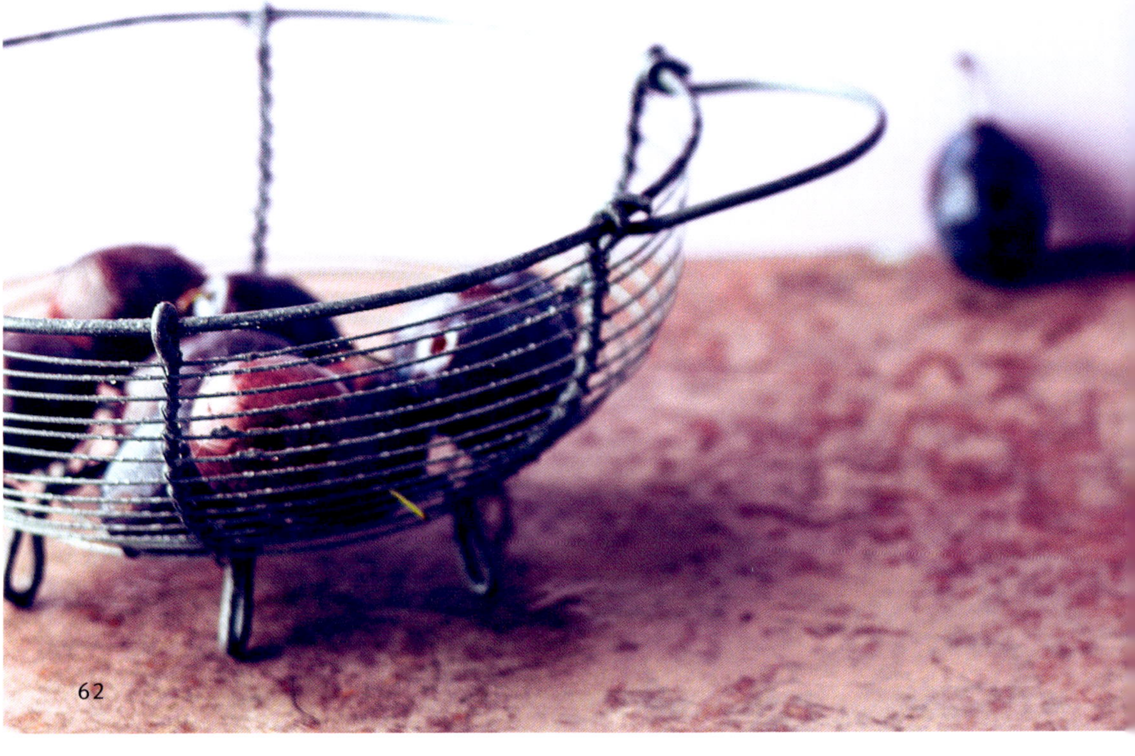

GESUNDHEITS-PLUS

Cranberrys oder Moosbeeren gibt es mittlerweile zwar auch in Europa, Hauptanbaugebiete sind aber nach wie vor die USA und Kanada. Frische Cranberrys sind bei uns nur kurz im Handel, von September bis Dezember kann man die herb-säuerlichen Beeren in unseren Supermärkten kaufen. Wohl bekannter sind die tiefroten getrockneten Früchte, die es das ganze Jahr über gibt. Schon die Ureinwohner in Nordamerika schätzten die Heilkraft der Power-Beere. Laut wissenschaftlicher Studien stärken Cranberrys unser Immunsystem, helfen bei Magenproblemen und beugen Arteriosklerose vor. Mineralstoffe wie Eisen, Kalium und Natrium versorgen Muskeln und Herz. Vitamine A und C schützen unsere Haut und stärken die Abwehrkräfte. Antioxidantien halten freie Radikale in Schach.

WUSSTEN SIE SCHON, DASS ...

... die Cranberry die amerikanische Tante unserer Heidelbeeren ist?

Vitamin C satt

DILL-ZITRONEN-GRANITA

ultimative Erfrischung

ZUBEREITUNGSZEIT: 10 MIN. | TIEFKÜHLZEIT: 4 STD. | PRO GLAS CA. 100 KCAL, 1 G EW, 0 G F, 20 G KH

FÜR 4 GLÄSER (À 250 ML)

500 g Salatgurke, 4 Zitronen, ½ Bund Dill, 4 EL Honig,
200 ml gekühltes stilles Mineralwasser

Die Salatgurke waschen und in kleine Stücke schneiden. Die Zitronen
auspressen. Den Dill waschen. Gurke, Zitronensaft, Dill, Honig und Mineralwasser in den Standmixer füllen und 2–3 Min. mixen.

Den Mix in eine flache Form gießen und ca. 4 Std. tiefkühlen.
Dabei alle 30 Min. mit einer Gabel durchrühren, sodass kleine Eiskristalle entstehen. Die fertige Granita in die Gläser füllen und
sofort mit Löffeln servieren.

GESUNDHEITS-PLUS

Dill, auch Gurkenkraut genannt, stammt ursprünglich aus dem Mittelmeerraum. Heute wird das Küchenkraut weltweit angebaut. Die einjährige Pflanze wird bis zu 1,5 m hoch und trägt im Sommer gelbliche Blüten. Dill hat ein sehr intensives leicht süßliches, anisig-kümmeliges Aroma. Sein Fanclub kocht mit Stängeln, Blättern und den besonders intensiven Blüten, legt Gurken und Gemüse ein und peppt Fischgerichte auf. Die feinen Dillspitzen sind allerdings Sensibelchen und halten sich im Kühlschrank nur 2–3 Tage. Länger geht es fein gehackt im Tiefkühlfach. Vor allem für Beschwerden rund um den Magen-Darm-Bereich, wie Blähungen, Magenschmerzen und Appetitlosigkeit, ist Dill eine bewährte Heilpflanze. Als Betthupferl in Teeform wirkt er beruhigend und kann so Schlafstörungen und Nervosität mildern.

WUSSTEN SIE SCHON, DASS ...

... die längste Gurke laut Guinnessbuch der Rekorde 107 cm maß?

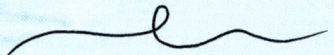

ERDBEER-SLUSH

mit Rucola und Kokosblütenzucker

ZUBEREITUNGSZEIT: 10 MIN. | TIEFKÜHLZEIT: 4 STD. | PRO GLAS CA. 40 KCAL, 1 G EW, 0 G F, 8 G KH

FÜR 4 GLÄSER (À 250 ML)

300 g Erdbeeren, 1 kleines Bund Rucola (35 g), 3 TL Kokosblütenzucker,
200 ml gekühltes stilles Mineralwasser

Die Erdbeeren waschen und entkelchen. Den Rucola ebenfalls waschen.
Beeren, Rucola, Kokosblütenzucker und Mineralwasser in den Standmixer füllen und 2–3 Min. mixen.

Den Mix in eine flache Form gießen und ca. 4 Std. tiefkühlen.
Dabei alle 30 Min. mit einer Gabel durchrühren, sodass kleine Eiskristalle entstehen.

Die Eiskristalle danach in den Standmixer füllen und ca. 3 Min. mixen.
Den Slush in die Gläser verteilen und mit Strohhalmen servieren.

GESUNDHEITS-PLUS

Kokosblütenzucker ist der neue Star unter den Süßungs-
mitteln. Der braune Zucker besticht nicht nur durch seinen
Gehalt an Mineralien, Spurenelementen und Antioxidantien,
sein eigentlicher Vorteil ist der niedrige Glykämische Index
(GI). Das bedeutet, dass er langsam ins Blut aufgenommen
wird, was vor allem für Diabetiker ein absoluter Vorteil ist.
Denn so bleiben die Blutzuckerwerte stabil. Zum Vergleich:
Der GI von Kokosblütenzucker beträgt 35, Honig hat einen GI
von 55 und Rohrzucker von 68. Für den GI gilt: je niedriger,
desto besser. Hergestellt wird der braune Zucker mit feiner
Karamellnote aus dem Nektar der Kokospalme. Dazu werden
die Blütenstände der Palmen abgebunden und angeritzt. Der
heraustropfende Nektar wird aufgefangen und anschließend
eingedickt. Auf den Philippinen ist Kokoszucker eines der
ältesten und beliebtesten Süßungsmittel.

WUSSTEN SIE SCHON, DASS ...

... der scharfe Geschmack
des Rucola von den ent-
haltenen Senfölen
stammt?

SQUEEEZE

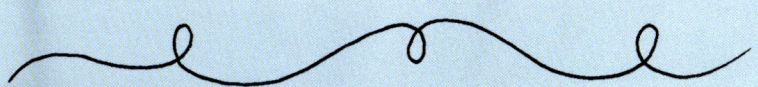

SICH EINMAL QUER DURCH DEN REGENBOGEN SCHLEMMEN UND
DABEI VITAMINE TANKEN – MIT FRISCH GEPRESSTEN SÄFTEN EIN
KINDERSPIEL. MÖHREN, ÄPFEL, ORANGEN, BEEREN UND GRÜNKOHL –
FAST ALLES KANN INS GLAS. ENERGIEBOOST, ENTSPANNTER SCHLAF,
GUTE LAUNE, JUNGE HAUT ... INTERESSIERT? NA DANN RAN AN DEN SAFT!

schenkt strahlende Haut

MÖHREN-ANANAS-APFELSAFT

Beach Baby

ZUBEREITUNGSZEIT: 20 MIN. | PRO GLAS CA. 100 KCAL, 2 G EW, 1 G F, 20 G KH

FÜR 4 GLÄSER (À 250 ML)

500 g Möhren, 1 ½ rote Äpfel, 300 g Ananas, 1 Limette,
600 ml gekühltes stilles Mineralwasser

Die Möhren waschen. Die Äpfel waschen, vierteln und entkernen.
Die Ananas schälen. Dann Möhren, Äpfel und Ananas mit Strunk in kleine
Stücke schneiden und in den Standmixer füllen.

2

Die Limette auspressen und die Hälfte vom Saft zu den Früchten geben.
Das Mineralwasser dazugießen und alles 2–3 Min. mixen.

Den Fruchtmix durch ein feines Sieb filtern, mit dem restlichen Limettensaft abschmecken und servieren.

GESUNDHEITS-PLUS

Möhren sind aus der deutschen Küche kaum wegzudenken. Kein Wunder, schließlich schmecken die knackigen Rüben köstlich-aromatisch, sind vielseitig einsetzbar und rund ums Jahr günstig erhältlich. Ihre orange Farbe verdanken die Möhren dem Pflanzenwirkstoff Betacarotin, einer Vorstufe des Vitamin A. Unter den Gemüsesorten haben die Möhren in puncto Carotingehalt die Nase vorn: Je nach Sorte liegt er bei 5–30 mg pro 100 g. Vitamin A ist wichtig für das Zellwachstum, unsere Sehfähigkeit und ein aktives Immunsystem. Da Vitamin A zu den fettlöslichen Vitaminen zählt, unterstützen ein paar Tropfen gutes Pflanzenöl im morgendlichen Möhrensaft die Aufnahme und Verwertung im Körper.

WUSSTEN SIE SCHON, DASS ...

... Betacarotin die Haut optimal auf Sonnenbäder vorbereitet?

Immunpower

ROTER SUPERSAFT

mit Chiasamen

ZUBEREITUNGSZEIT: 25 MIN. | PRO GLAS CA. 145 KCAL, 4 G EW, 2 G F, 25 G KH

FÜR 4 GLÄSER (À 250 ML)

400 g Rote Bete, 400 g Möhren, 2 grüne Äpfel, 1 Zitrone, 750 ml gekühltes stilles Mineralwasser, 4 TL Chiasamen

Rote Bete und Möhren waschen. Die Äpfel waschen, vierteln und
das Kerngehäuse entfernen. Gemüse und Äpfel in kleine Stücke schneiden und in den Standmixer füllen. Die Zitrone auspressen. Den Saft
mit dem Mineralwasser dazugießen und alles 2–3 Min. mixen.

Den Fruchtmix durch ein feines Sieb filtern, dann auf die Gläser verteilen.
Jeweils 1 TL Chiasamen einrühren und ca. 5 Min. quellen lassen.

WUSSTEN SIE SCHON, DASS …

… laut Guinnessbuch der Rekorde die schwerste Rote Bete 23,4 kg wog?

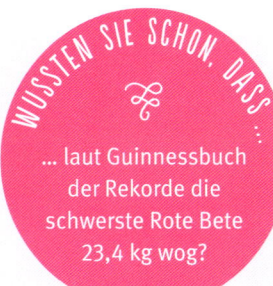

GESUNDHEITS-PLUS

Chia – die Heilsamen der Mayas, sind seit der Superfood-Revolution ein Muss in jeder Smoothie-Mixerei. Die schwarzen oder weißen Samen sind kaum größer als ein Senfkorn, stecken aber voller Nähr- und Vitalstoffe. Sie haben einen neutralen bis leicht nussigen Geschmack und lassen sich so nahezu in jedes Getränk mischen. Und das bieten die kleinen Wundersamen: reichlich Proteine, Vitamine, Eisen, Kupfer, Magnesium, Kalium, fünfmal soviel Kalzium wie Milch und dazu noch Ballaststoffe und ein ausgewogenes Verhältnis von Omega-3- und Omega-6-Fettsäuren. Damit sind sie eine wunderbare Alternative zu fettreichem Fisch. Und beim Abnehmen helfen sie auch noch: Durch die hohe Quellfähigkeit fühlt man sich nämlich viel länger satt.

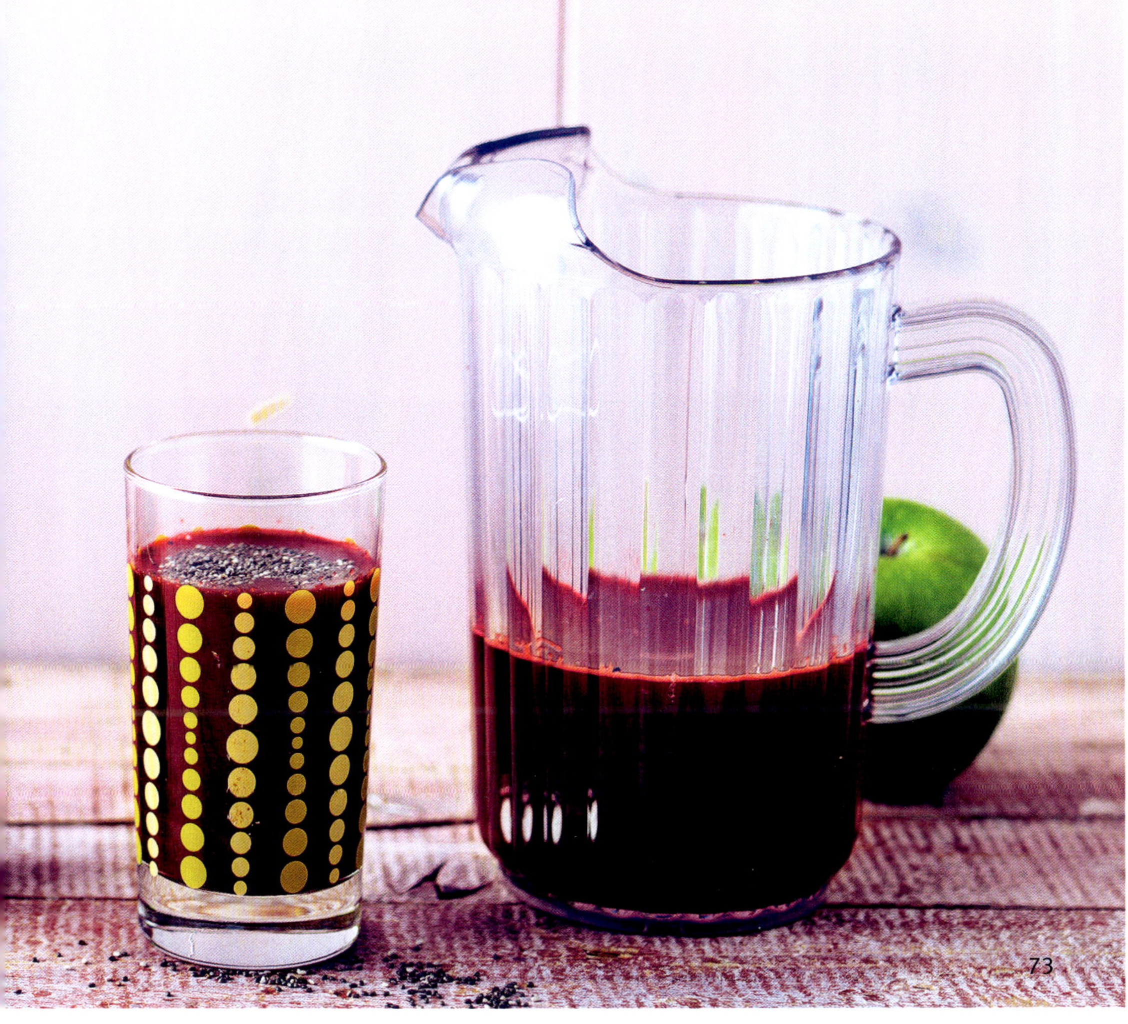

Vitalbooster

SONNENSAFT

ZUBEREITUNGSZEIT: 20 MIN. | PRO GLAS CA. 215 KCAL, 5 G EW, 1 G F, 44 G KH

FÜR 4 GLÄSER (À 250 ML)

450 g Möhren, 350 g Rote Bete, 1 Stück Ingwer (4 cm lang),
10 Clementinen, 4 Grapefruits

Möhren, Rote Bete und Ingwer waschen, in kleine Stücke schneiden und
in den Standmixer füllen. Clementinen und Grapefruits auspressen,
den Saft in den Mixer gießen und alles 2–3 Min. mixen.

Den Fruchtmix durch ein feines Sieb filtern. Der gefilterte Saft schmeckt
am besten gut gekühlt oder auf Eis.

TIPP

Wer abnehmen will, ist mit
Grapefruit gut beraten.
Ihre Bitterstoffe regen die
Verdauung an und helfen
so den Cholesterin- und
Blutzuckerspiegel zu sen-
ken. Reichlich Vitamin C
gibt es gratis dazu.

Zellschützer

GRÜNE WOHLTAT

ZUBEREITUNGSZEIT: 20 MIN. | PRO GLAS CA. 170 KCAL, 4 G EW, 1 G F, 35 G KH

FÜR 4 GLÄSER (À 250 ML)

200 g Staudensellerie, 500 g grüne Weintrauben, 6 Orangen,
5 TL Weizengraspulver

Den Sellerie waschen und in kleine Stücke schneiden. Die Trauben
waschen und von den Rispen zupfen. Sellerie und Trauben in den Standmixer füllen. Die Orangen auspressen und den Saft dazugießen. Das
Weizengraspulver zugeben und alles 2–3 Min. mixen.

Den Fruchtmix durch ein feines Sieb filtern. Der gefilterte Saft schmeckt
am besten gut gekühlt oder auf Eis.

WUSSTEN SIE SCHON, DASS …

… Weizengras
glutenfrei ist?

INGWER-MÖHREN-DRINK

die perfekte Mischung

ZUBEREITUNGSZEIT: 20 MIN. | PRO GLAS CA. 55 KCAL, 1 G EW, 0 G F, 11 G KH

FÜR 4 GLÄSER (À 250 ML)

1 Stück Ingwer (1 cm lang), 200 g Möhren, 1 Orange, 1 Grapefruit,
2 TL Honig, 400 ml gekühltes stilles Mineralwasser

1

Ingwer und Möhren waschen, die Möhren in Stücke schneiden. Orange
und Grapefruit schälen und ebenfalls in Stücke schneiden. Ingwer,
Möhren und Zitrusfrüchte in den Standmixer füllen. Den Honig zugeben,
das Mineralwasser dazugießen und alles 2–3 Min. mixen.

2

Den Fruchtmix durch ein feines Sieb filtern. Der gefilterte Saft schmeckt
am besten gut gekühlt oder auf Eis.

GESUNDHEITS-PLUS

Ingwer, die scharfe Knolle aus Fernost, enthält Vitamine, Mineralstoffe, ätherische Öle und die Scharfstoffe Gingerol und Shogaol. Vor allem den Scharfstoffen wird dabei eine positive Gesundheitswirkung auf den menschlichen Körper bescheinigt: Gingerol soll nämlich Enzyme im Körper hemmen, die für die Entstehung von Entzündungen und Schmerzen verantwortlich sind. Gemeinsam mit anderen ätherischen Ölen feuert die Superknolle außerdem unseren Stoffwechsel an und sorgt für eine bessere Durchblutung. Ingwer ist auch ein gutes Mittel gegen Übelkeit, Brechreiz, Kopfschmerzen, Erkältungen und Reisekrankheit. Achten Sie beim Einkauf darauf, dass die Wurzel fest und ebenmäßig ist.

WUSSTEN SIE SCHON, DASS ...

... Möhren zu 88 % aus Wasser bestehen?

MINZ-PRINZ

ZUBEREITUNGSZEIT: 20 MIN. | PRO GLAS CA. 170 KCAL, 4 G EW, 2 G F, 32 G KH

FÜR 4 GLÄSER (À 250 ML)

3 grüne Äpfel, 400 g Honigmelone, 425 g Salatgurke, 4 große Blätter
Grünkohl (200 g), 1 ½ Bund Minze, 1 ½ Zitronen

Die Äpfel waschen, vierteln und das Kerngehäuse entfernen. Die Gurke
waschen. Die Melone schälen und die Kerne herausschaben. Äpfel,
Gurke und Melone in Stücke schneiden und in den Standmixer füllen.

Grünkohl und Minze waschen und zugeben. Die Zitronen auspressen,
den Saft dazugießen und alles 2–3 Min. mixen.

Den Fruchtmix durch ein feines Sieb filtern. Der gefilterte Saft schmeckt
am besten gut gekühlt oder auf Eis.

WUSSTEN SIE SCHON, DASS...

... 150 g Honigmelone
den durchschnittlichen
Tagesbedarf an Vita-
min A decken?

schön, schöner, am schönsten

MANDELMUS – GOJI

ZUBEREITUNGSZEIT: 10 MIN. | PRO GLAS CA. 260 KCAL, 2 G EW, 4 G F, 52 G KH

FÜR 4 GLÄSER (À 250 ML)

2 kleine Birnen, 400 g TK-Sauerkirschen (entsteint), 4 EL getrocknete
Goji-Beeren (30 g), 4 TL Mandelmus, 2 Orangen, 125 ml Kokoswasser

Die Birnen waschen, vierteln und das Kerngehäuse entfernen. Die
Viertel in Stücke schneiden und mit Kirschen, Goji-Beeren und Mandelmus in den Standmixer füllen.

Die Orangen auspressen. Orangensaft und Kokoswasser dazugießen
und alles 2–3 Min. mixen. Der Saftmix schmeckt am besten
gut gekühlt oder auf Eis.

TIPP

Dank seiner vielen Mine-
ralstoffe ist Kokoswasser
der ideale Energiespender
nach dem Work-out. Dabei
ist das exotische Getränk
schön leicht, denn 100 ml
haben gerade mal 24 kcal.

Anti-Aging-Kur

HONIGMELONE – KRESSE

ZUBEREITUNGSZEIT: 10 MIN. | PRO GLAS CA. 65 KCAL, 1 G EW, 0 G F, 13 G KH

FÜR 4 GLÄSER (À 250 ML)

400 g Salatgurke, 300 g Honigmelone, 3 EL Gartenkresse,
2 ½ Zitronen, 1 Orange

Die Gurke waschen. Die Melone schälen und die Kerne herausschaben.
Gurke und Melone in kleine Stücke schneiden und in den Standmixer
füllen. Die Kresse waschen und zugeben.

Zitronen und Orange auspressen, den Saft dazugießen und alles
2–3 Min. mixen. Der Saft schmeckt am besten gut gekühlt oder auf Eis.

TIPP

Gesunder Schlaf, frische
Luft und eine gute Portion
Gelassenheit lassen den
Teint strahlen. Daneben
gibt es auch eine Reihe
von Nahrungsmitteln
mit Anti-Aging-Effekt.
Das Tolle an ihnen: Im
Unterschied zu Cremes &
Co. wirken sie vorbeugend
und lange anhaltend.

Abwehrprofi

PAPAYA — HIMBEERE

ZUBEREITUNGSZEIT: 10 MIN. | PRO GLAS CA. 160 KCAL, 1 G EW, 1 G F, 29 G KH

FÜR 4 GLÄSER (À 250 ML)

1 Papaya (500 g), 1 kleine Mango, 200 g TK-Himbeeren, 1 ½ Orangen,
1 Limette, 325 ml gekühltes stilles Mineralwasser

Die Papaya schälen, die Kerne herausschaben und das Fruchtfleisch
in Stücke schneiden. Die Mango halbieren, schälen und das Fruchtfleisch
in Stücken vom Stein schneiden. Papaya, Mango und Himbeeren
in den Standmixer füllen.

Orangen und Limette auspressen. Den Zitrussaft mit dem Mineralwasser
dazugießen und alles 2–3 Min. mixen. Der Saft schmeckt am besten
gut gekühlt oder auf Eis.

WUSSTEN SIE SCHON, DASS …

… die Papaya botanisch gesehen eine Beere ist?

POWER-FRUCHTSAFT

mit Goji und Granatapfel

ZUBEREITUNGSZEIT: 20 MIN. | PRO GLAS CA. 170 KCAL, 2 G EW, 1 G F, 35 G KH

FÜR 4 GLÄSER (À 250 ML)

2 ½ grüne Äpfel, 4 Orangen, 300 g Granatapfelkerne, 80 ml Goji-
Saft (Bioladen oder Reformhaus), 500 ml gekühltes stilles Mineralwasser,
2 Gläser Crushed Ice

Die Äpfel waschen, vierteln und entkernen. Die Viertel in Stücke schnei-
den. Die Orangen schälen und ebenfalls in Stücke schneiden. Äpfel,
Orangen, 200 g Granatapfelkerne und Goji-Saft in den Standmixer füllen.
Das Mineralwasser dazugießen und alles 2–3 Min. mixen.

Den Fruchtmix durch ein feines Sieb filtern und den Saft zurück in den
Standmixer gießen. Das Eis und die restlichen Granatapfelkerne zugeben
und nochmals kurz mixen.

WUSSTEN SIE SCHON, DASS …

… ein Granatapfel bis zu 800 Kerne haben kann?

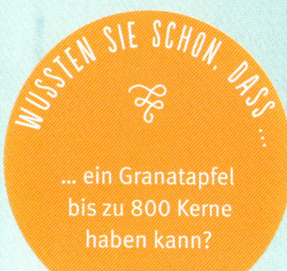

GESUNDHEITS-PLUS

Der Granatapfel gilt als eine der ältesten Heilfrüchte der Menschheit. Er steht als Symbol für Liebe, Kraft und Fruchtbarkeit. Dank seiner Vielzahl an Antioxidantien schützt er die Zellen vor oxidativem Stress, wie eine Yoga-Kur von innen. Außerdem regt die rote Frucht den Blutfluss an und wirkt damit als natürlicher Blutdrucksenker. Vitamin B, K, Magnesium und Kalzium gibt es noch obendrauf. Aber wie kommt man eigentlich an die begehrten Kerne? Eine einfache Methode ist, den Granatapfel quer in der Mitte zu halbieren und dann mit einem Kochlöffel von außen auf die Hälften zu klopfen, bis alle Kerne herausgefallen sind. Dabei unbedingt an einen guten Spritzschutz denken. Entsaften lässt sich die Powerfrucht übrigens auch mit einer Zitronenpresse.

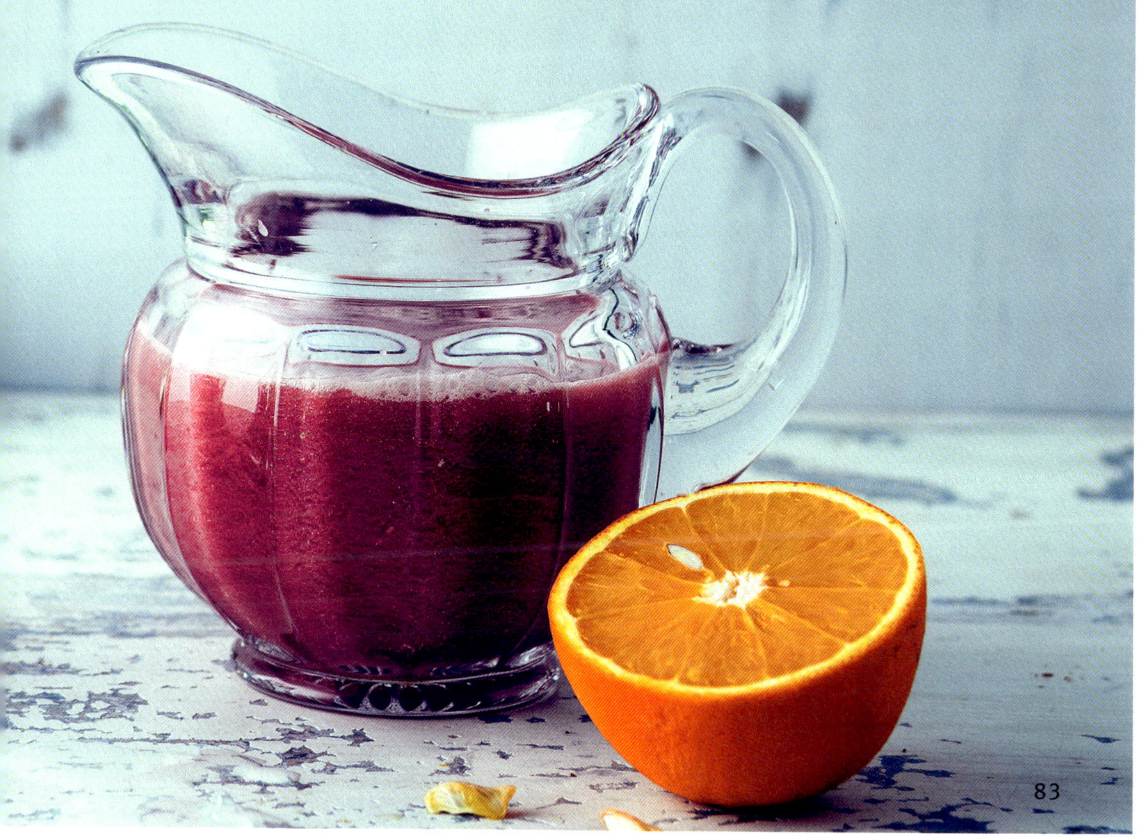

Gesundmacher

PASSIONSFRUCHT – PHYSALIS

ZUBEREITUNGSZEIT: 20 MIN. | PRO GLAS CA. 275 KCAL, 7 G EW, 3 G F, 46 G KH

FÜR 4 GLÄSER (À 250 ML)

12 Passionsfrüchte, 300 g Physalis, 4 EL getrocknete Goji-Beeren (30 g), 5 Orangen, 400 ml Kokoswasser

1

Die Passionsfrüchte halbieren, das Fruchtfleisch herauslösen und in den Standmixer füllen. Die Physalis aus den Blatthüllen lösen und mit den Goji-Beeren zugeben. Die Orangen auspressen. Orangensaft und Kokoswasser dazugießen und alles 2–3 Min. mixen.

2

Den Fruchtmix durch ein feines Sieb filtern. Der gefilterte Saft schmeckt am besten gut gekühlt oder auf Eis.

WUSSTEN SIE SCHON, DASS ...

... die Physalis auch Kapstachelbeere oder Andenkirsche genannt wird?

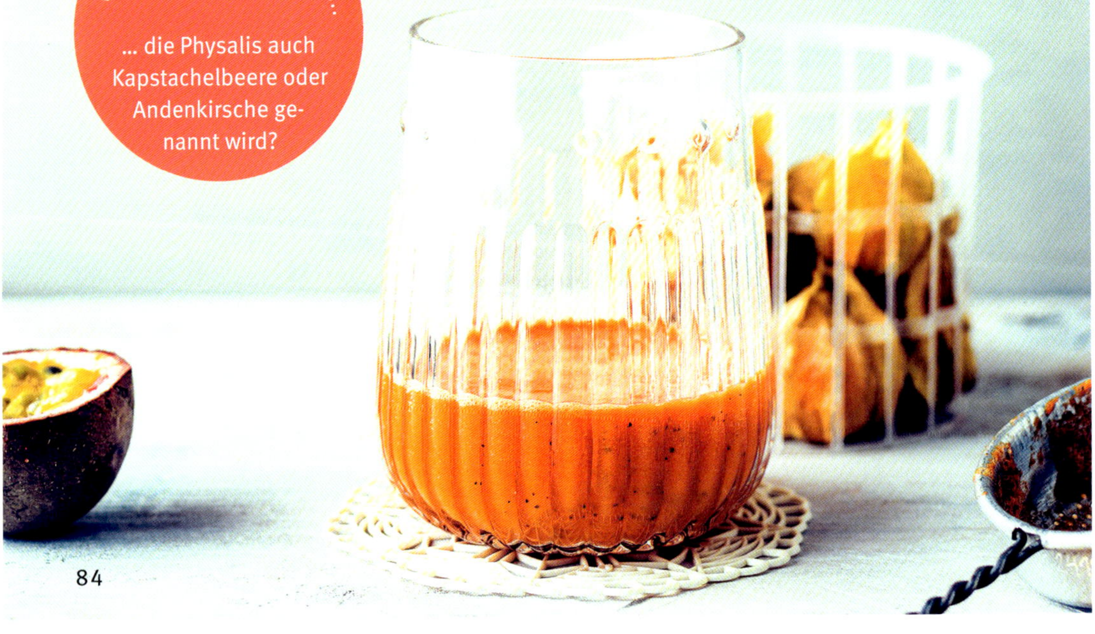

einmal auftanken, bitte

ENERGY JUICE

ZUBEREITUNGSZEIT: 20 MIN. | PRO GLAS CA. 175 KCAL, 2 G EW, 1 G F, 37 G KH

FÜR 4 GLÄSER (À 250 ML)

3 grüne Äpfel, 250 g Staudensellerie, 500 g grüne Weintrauben,
400 ml gekühltes stilles Mineralwasser

Die Äpfel waschen, vierteln und das Kerngehäuse entfernen. Den
Sellerie waschen, Äpfel und Sellerie dann in kleine Stücke schneiden.
Die Trauben waschen und von den Rispen zupfen. Äpfel, Sellerie
und Trauben in den Standmixer füllen. Das Mineralwasser dazugießen
und alles 2–3 Min. mixen.

Den Fruchtmix durch ein feines Sieb filtern. Der gefilterte Saft schmeckt
am besten gut gekühlt oder auf Eis.

TIPP

Weintrauben eignen sich
super zum Einfrieren.
Bevor es ins Tiefkühlfach
geht, die Trauben von den
Rispen zupfen, waschen
und trocken tupfen. Nach
4–5 Std. sind sie durchge-
froren und halten sich im
Frost bis zu 6 Monate.

MISS CASSIS

mit Schwarzen Johannisbeeren und Trauben

ZUBEREITUNGSZEIT: 10 MIN. | PRO GLAS CA. 135 KCAL, 2 G EW, 2 G F, 27 G KH

FÜR 4 GLÄSER (À 250 ML)

3 grüne Äpfel, 50 g Staudensellerie, 100 g rote Weintrauben,
180 g Schwarze Johannisbeeren, 150 g Heidelbeeren, 350 ml gekühltes
stilles Mineralwasser

Die Äpfel waschen, vierteln und das Kerngehäuse entfernen. Den Sellerie
waschen, Äpfel und Sellerie dann in kleine Stücke schneiden. Trauben,
Johannis- und Heidelbeeren waschen. Trauben und Johannisbeeren
dann von den Rispen zupfen.

Äpfel, Sellerie, Trauben und Beeren in den Standmixer füllen. Das
Mineralwasser dazugießen und alles 2–3 Min. mixen. Der Saft schmeckt
am besten gut gekühlt oder auf Eis.

WUSSTEN SIE SCHON, DASS …

… die Johannisbeere ihren Namen Johannes dem Täufer verdankt?

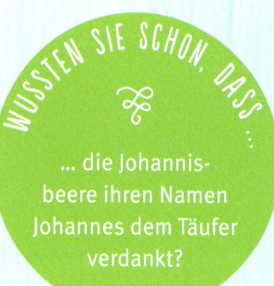

GESUNDHEITS-PLUS

Schwarze Johannisbeeren sind kleine Kraftbündel und stecken voller wertvoller Inhaltsstoffe. Gemeinsam mit den roten und weißen Beerenverwandten sind sie schon seit dem Mittelalter bekannt. Mit ihrer frisch-säuerlichen Note passen sie sowohl zu süßen als auch herzhaften Speisen. Durch seine antibakterielle und entzündungshemmende Wirkung gilt der dunkle Beerensaft als Hausmittel gegen Halsentzündungen. Dazu kommt eine Extradosis Vitamin C. Dabei stecken in 100 g Schwarzen Johannisbeeren dreimal so viel des Immunsystem-Boosters wie in einer Zitrone. Die Powerbeeren sind außerdem reich an Mineralstoffen wie Kalium, Kalzium, Eisen, Magnesium und Mangan und damit top für Muskeln, Herz und Kreislauf.

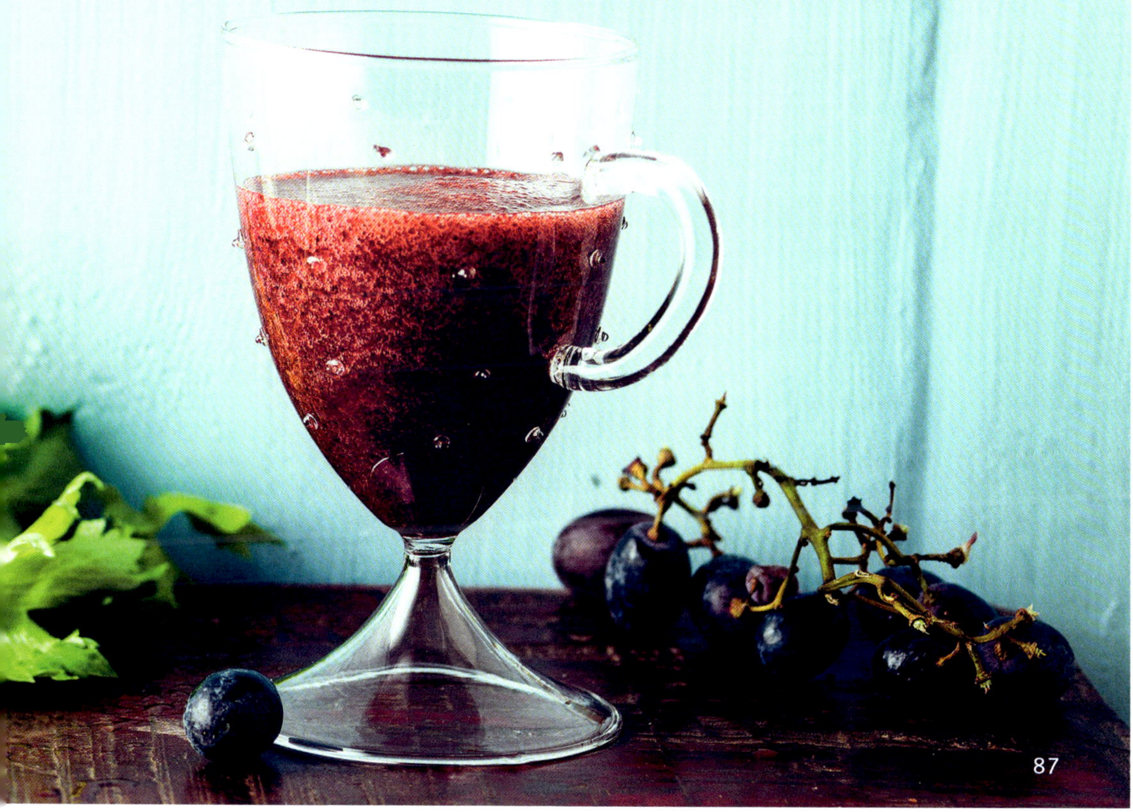

Kiwi-Kickstarter

ANANAS-BROKKOLI-SAFT

mit vielen Kiwis

ZUBEREITUNGSZEIT: 20 MIN. | PRO GLAS CA. 125 KCAL, 3 G EW, 1 G F, 26 G KH

FÜR 4 GLÄSER (À 250 ML)

400 g Ananas, 4 Kiwis, 250 g grüne Weintrauben, 160 g Brokkoli,
600 ml gekühltes stilles Mineralwasser

Die Ananas schälen und mit Strunk in Stücke schneiden. Die Kiwis
schälen und in kleine Stücke schneiden. Die Trauben waschen und von
den Rispen zupfen. Den Brokkoli waschen und in Röschen teilen.

Kiwis, Ananas, Trauben und Brokkoli in den Standmixer füllen. Das
Mineralwasser dazugießen und alles 2–3 Min. mixen.

Den Fruchtmix durch ein feines Sieb filtern. Der gefilterte Saft schmeckt
am besten gut gekühlt oder auf Eis.

WUSSTEN SIE SCHON, DASS ...

... der Ursprungsname der Kiwi »Yang Tao« (chinesische Stachelbeere) lautet?

GESUNDHEITS-PLUS

Brokkoli ist wie Kapern und Oliven ein Spalter. Die einen lieben, die anderen hassen ihn. Für den Fanblock hier die neuesten Zahlen und Fakten: Mit seinen vielen Antioxidantien ist Brokkoli das perfekte Antistressgemüse. Dank der vielen Ballaststoffe und wenigen Kalorien ist die grüne Blüte der ideale Diätpartner. Zudem wirkt Brokkoli durch den hohen Gehalt an Kalium entwässernd und blutdrucksenkend, sein Vitamin C schützt vor Erkältungen. Und schließlich ist der hübsche Kohl reich am Knochen- und Gelenkmineralstoff Magnesium – wie viele andere grüne Kollegen auch. Vielleicht wechselt ja doch noch der eine oder andere zur Fangemeinde über?

gesunde Verdauung

PFLAUME-MAULBEER-SMOOTHIE

beeriger Supersaft

ZUBEREITUNGSZEIT: 10 MIN. | PRO GLAS CA. 195 KCAL, 4 G EW, 1 G F, 35 G KH

FÜR 4 GLÄSER (À 250 ML)

2 große Pflaumen (à 200 g), 400 g TK-Erdbeeren, 80 g getrocknete
weiße Maulbeeren, 4 TL Aronia-Pulver, 3 Orangen

Die Pflaumen waschen, halbieren und entsteinen. Die Hälften in Stücke
schneiden und mit Erdbeeren, Maulbeeren und Aronia-Pulver in den
Standmixer füllen.

Die Orangen auspressen, den Saft dazugießen und alles 2–3 Min. mixen.
Den Smoothie auf die Gläser verteilen und servieren.

GESUNDHEITS-PLUS

Auch Maulbeeren reihen sich ein in die lange Liste der Superbeeren. Die in Asien ursprünglich zur Seidenraupen-zucht angebauten Maulbeerbäume lieben es warm und kuschelig. Sie werden heute vor allem in Asien und Nord-amerika gezüchtet. Die sensiblen roten, schwarzen oder weißen Beeren sind süß und sehr fruchtig. In Deutschland kommen die brombeerartigen Leckerbissen vor allem ge-trocknet in den Handel. Maulbeeren enthalten viele Vitami-ne, Mineralstoffe – wie Kalium, Kalzium, Magnesium, Eisen, Zink, Mangan – und Antioxidantien. Vor allem Resveratrol gilt als Anti-Aging-Waffe, das freie Radikale ausschalten und damit unsere Zellen wirksam schützen kann. Erste positive Studienergebnisse zum Einsatz gegen Diabetes, Arterio-sklerose und Rheuma gibt es auch bereits.

WUSSTEN SIE SCHON, DASS ...

… Maulbeeren eine ergiebige Quelle für Eisen sind?

rot und feurig

KURKUMA – STRAUCHTOMATE

ZUBEREITUNGSZEIT: 20 MIN. | PRO GLAS CA. 75 KCAL, 3 G EW, 1 G F, 12 G KH

FÜR 4 GLÄSER (À 250 ML)

800 g Strauchtomaten, 350 g Möhren, 1 milde rote Chilischote,
1 Stück Ingwer (3 cm lang), 1 ½ TL Kurkumapulver, 3 Zitronen, 400 ml gekühltes stilles Mineralwasser

Die Tomaten waschen, halbieren und die Stielansätze entfernen. Die
Möhren waschen und in kleine Stücke schneiden. Chilischote und Ingwer
ebenfalls waschen. Tomaten, Möhren, Chili, Ingwer und Kurkuma in
den Standmixer füllen.

Die Zitronen auspressen. Den Saft mit dem Mineralwasser dazugießen
und alles 2–3 Min. mixen. Den Mix durch ein feines Sieb filtern.

WUSSTEN SIE SCHON, DASS …

… Kurkuma als das
gesündeste Gewürz
überhaupt gilt?

Fitmacher

FENCHEL – SALAT

ZUBEREITUNGSZEIT: 20 MIN. | PRO GLAS CA. 125 KCAL, 3 G EW, 1 G F, 24 G KH

FÜR 4 GLÄSER (À 250 ML)

2 grüne Äpfel, 1 kleine Mango, 300 g Möhren, 180 g Fenchel, 1 Salatherz, Cayennepfeffer, 600 ml gekühltes stilles Mineralwasser

Die Äpfel waschen, vierteln und das Kerngehäuse entfernen. Die Viertel in Stücke schneiden. Die Mango halbieren, schälen und das Fruchtfleisch in kleinen Stücken vom Stein schneiden. Möhren, Fenchel und Salat waschen und ebenfalls in kleine Stücke schneiden.

Früchte, Gemüse, Salat und 1 Prise Cayennepfeffer in den Standmixer füllen. Das Mineralwasser dazugießen und alles 2–3 Min. mixen.

Den Fruchtmix durch ein feines Sieb filtern. Der gefilterte Saft schmeckt am besten gut gekühlt oder auf Eis.

— TIPP —

Cayennepfeffer regt die Durchblutung an und lockert verspannte Muskeln. Für alle, die es nicht ganz so scharf mögen, ist Paprikapulver eine gute Alternative. Ausprobieren!

THE MILKY WAY

OB SEXY MILCHBART ODER HAFERSCHNAUZER – DIESE SMOOTHIES UND MILCHSHAKES SIND NAHRHAFTE, SCHNELLE MAHLZEITEN. MILCH-PRODUKTE ENTHALTEN VON NATUR AUS WICHTIGE NÄHRSTOFFE, PFLANZENDRINKS SIND MEIST MIT VITAMINEN UND KALZIUM ANGEREI-CHERT. WAS SIE AUCH BEVORZUGEN, MIT OBST, GEMÜSE UND SUPER-FOODS SIND DIESE CREMIGEN DRINKS WAHRE GESUNDWUNDER.

Proteinspritze

BEERMINATOR

mit Quinoa und vielen Beeren

ZUBEREITUNGSZEIT: 25 MIN. | PRO GLAS CA. 240 KCAL, 8 G EW, 5 G F, 41 G KH

FÜR 4 GLÄSER (À 250 ML)

80 g Quinoa, 300 g TK-Beerenmix mit Cranberrys (z.B. von Edeka),
4 EL Honig, 100 g Joghurt (1,5 % Fett), 400 ml Milch (3,5 % Fett)

Die Quinoa in einem feinen Sieb kalt abspülen, in einen Topf geben
und 250 ml Wasser zugießen. Abgedeckt aufkochen und bei mittlerer
Hitze 10–15 Min. köcheln lassen. Die Quinoa in das Sieb abgießen
und kalt abspülen, bis sie abgekühlt und eventueller Schaum entfernt ist.

Quinoa, Beeren, Honig und Joghurt in den Standmixer füllen. Die Milch
dazugießen und alles 2–3 Min. mixen.

GESUNDHEITS-PLUS

Honig ist bereits seit vielen Jahrhunderten und in zahlreichen Kulturen dank seiner heilenden Wirkung beliebt. Der goldene Saft besteht zu 80 % aus Zucker. Dazu kommen über 200 wertvolle Inhaltsstoffe, die für Gesundheit, Schönheit und Wohlbefinden sorgen. Das Naturprodukt eignet sich sowohl zur äußerlichen als auch zur inneren Anwendung. Dank seiner antibakteriellen Wirkung wird Honig als Hausmittel gegen Husten und Heiserkeit verwendet. Er beruhigt außerdem den aufgewühlten Magen, verbessert das Hautbild und fördert eine schnelle Wundheilung.

WUSSTEN SIE SCHON, DASS ...

... Quinoa mit Roter Bete und Spinat verwandt ist?

Tropical Feeling

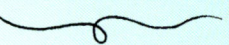

SUPER-SMOOTHIE

ZUBEREITUNGSZEIT: 10 MIN. | PRO GLAS CA. 190 KCAL, 4 G EW, 13 G F, 14 G KH

FÜR 4 GLÄSER (À 250 ML)

350 g Ananas, 100 g TK-Grünkohl, 1 EL Honig, 1 Limette, 250 ml Kokosmilch, 2 Gläser Crushed Ice

1. Die Ananas schälen und mit Strunk in Stücke schneiden. Ananasstücke, Grünkohl und Honig in den Standmixer füllen.

2. Die Limette auspressen und den Saft mit der Kokosmilch dazugießen. Das Eis zugeben und alles 2–3 Min. mixen.

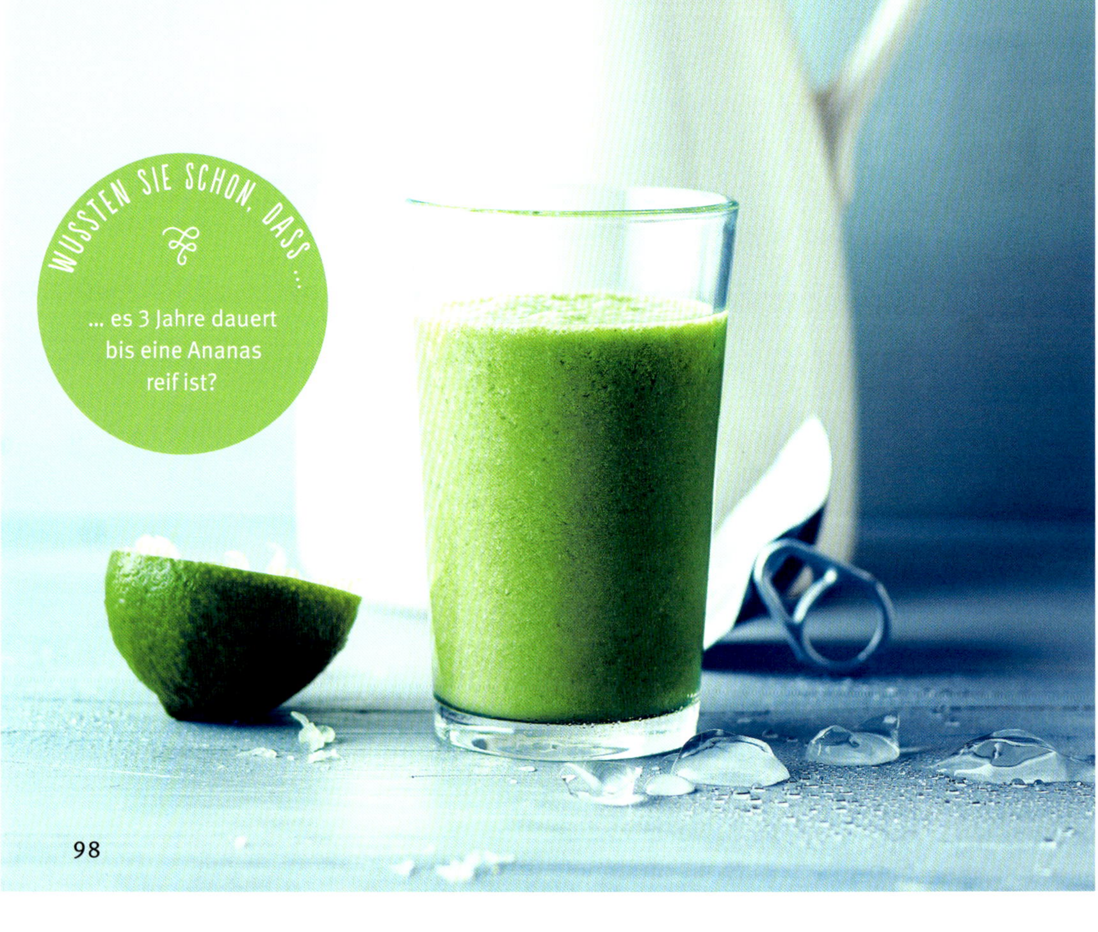

WUSSTEN SIE SCHON, DASS ...

... es 3 Jahre dauert bis eine Ananas reif ist?

cremiger Verführer

AVOCADO-KAKAO

ZUBEREITUNGSZEIT: 10 MIN. | TIEFKÜHLZEIT: 4 STD. |
PRO GLAS CA. 365 KCAL, 9 G EW, 26 G F, 22 G KH

FÜR 4 GLÄSER (À 250 ML)

1 Banane, 2 Avocados, 4 Datteln (entsteint), 4 EL Kakaonibs, 4 TL Kokosblütenzucker, 800 ml Sojadrink, 2 Gläser Crushed Ice

Die Banane schälen, das Fruchtfleisch in Stücke schneiden und diese
ca. 4 Std. tiefkühlen.

Die Avocados halbieren, entsteinen und das Fruchtfleisch aus der Schale
lösen. Avocadofruchtfleisch, Banane, Datteln, Kakaonibs und Zucker
in den Standmixer füllen. Den Sojadrink dazugießen, das Eis zugeben
und alles in 2–3 Min. cremig mixen.

TIPP

Avocados kommen bei
uns meist unreif in den
Handel und müssen vor
dem Verzehr noch einige
Tage nachreifen.Greifen
Sie deshalb doch lieber
gleich zu vorgereiften oder
»ready-to-eat«-Früchten.

cremiger Softie

INNER PEACH

mit Bergpfirsich und Cashewkernen

ZUBEREITUNGSZEIT: 10 MIN. | PRO GLAS CA. 225 KCAL, 9 G EW, 8 G F, 27 G KH

FÜR 4 GLÄSER (À 250 ML)

6 Bergpfirsiche, 2 Stängel Minze, 200 g TK-Rote-Johannisbeeren,
1 Vanilleschote, 3 EL Ahornsirup, 45 g Cashewkerne, 3 TL Maca-Pulver,
600 ml Sojadrink, 1 Handvoll Eiswürfel

Die Pfirsiche waschen, halbieren und entsteinen. Die Hälften in Stücke
schneiden. Die Minze waschen. Pfirsichstücke, Minze und Johannisbeeren in den Standmixer füllen.

Die Vanilleschote längs aufschneiden und das Mark herausschaben.
Vanilleschote und -mark, Ahornsirup, Cashewkerne und Maca-Pulver in
den Mixer geben. Den Sojadrink dazugießen, die Eiswürfel zufügen
und alles in 2–3 Min. cremig mixen.

— GESUNDHEITS-PLUS —

Vanille stammt ursprünglich aus Mexiko. Heute werden
die dunklen Schoten auch in Guatemala, Indien, Sri Lanka,
Indonesien und auf den Seychellen angebaut. Bourbon-
Vanille, eine Sorte von besonders hoher Qualität, kommt
aus Madagaskar, den Komoren und La Réunion. Die Schoten
sind 13–18 cm lang und glänzen schwarz-braun. Eine frische
Vanilleschote ist elastisch und biegsam. Ihr weicher, süßer
Duft erinnert an Trockenfrüchte und Blüten. Vanille duftet
und schmeckt nicht nur einzigartig, sie ist außerdem auch
gesund. Bis ins 19. Jahrhundert wurden die Schoten sogar
noch in der Apotheke verkauft. Vanille wirkt aphrodisierend,
nervenberuhigend und entzündungshemmend.

WUSSTEN SIE SCHON, DASS ...

... schon die Azteken
Vanille als Heilpflanze
und Arzneimittel
nutzten?

BANANA BALANCE

ZUBEREITUNGSZEIT: 10 MIN. | PRO GLAS CA. 255 KCAL, 9 G EW, 10 G F, 33 G KH

FÜR 4 GLÄSER (À 250 ML)

2 Bananen, 100 g Blattspinat, 40 g Cashewkerne, 50 g Datteln (entsteint),
600 ml Milch (3,5 % Fett), 2 TL Matcha-Pulver, 1 Handvoll Eiswürfel

Die Bananen schälen und in Stücke schneiden. Den Spinat verlesen und
waschen. Bananen, Spinat und Datteln in den Standmixer füllen.

Die Milch dazugießen, Matcha-Pulver und Eiswürfel zugeben und
alles in 2–3 Min. cremig mixen.

WUSSTEN SIE SCHON, DASS …

… das grüne
Matcha-Teepulver aus
China stammt?

so schmeckt der Morgen

HEIDELBEER-HANF-SMOOTHIE

ZUBEREITUNGSZEIT: 10 MIN. | PRO GLAS CA. 430 KCAL, 13 G EW, 22 G F, 41 G KH

FÜR 4 GLÄSER (À 250 ML)

100 g Heidelbeeren, 80 g Schwarze Johannisbeeren, 100 g TK-Rote-Johannisbeeren, 140 g TK-Himbeeren, 60 g Haferflocken, 120 g Cashew-kerne, 4 EL geschrotete Hanfsamen, 4 EL Ahornsirup,
600 ml Mandeldrink

Heidelbeeren und Schwarze Johannisbeeren waschen, die Johannis-beeren von den Rispen zupfen. Die Beeren dann mit den Roten Johannis-beeren und den Himbeeren in den Standmixer füllen.

Haferflocken, Cashewkerne, Hanfsamen und Ahornsirup zugeben. Den Mandeldrink dazugießen und alles in 2–3 Min. cremig mixen.

TIPP

Haferflocken, Cashew-kerne und Hanfsamen können Sie natürlich auch gerne durch Ihr Lieblings-müsli ersetzen.

blaues Wunder

BANANE-MATCHA-SMOOTHIE

mit Heidelbeeren und Sojadrink

ZUBEREITUNGSZEIT: 10 MIN. | TIEFKÜHLZEIT: 4 STD. |
PRO GLAS CA. 355 KCAL, 11 G EW, 13 G F, 46 G KH

FÜR 4 GLÄSER (À 250 ML)

3 Bananen, 250 g Heidelbeeren, 100 g Cashewkerne, 3 TL Matcha-Pulver,
3 EL Honig, 500 ml Sojadrink, 1 Glas Crushed Ice

Die Bananen schälen, das Fruchtfleisch in Stücke schneiden und
ca. 4 Std. tiefkühlen.

Die Heidelbeeren verlesen und waschen. Die Beeren mit Bananen,
Cashewkernen, Matcha-Pulver und Honig in den Standmixer füllen. Den
Sojadrink dazugießen, das Eis zugeben und alles in 2–3 Min. cremig
mixen. Den Smoothie auf die Glaser verteilen und servieren.

GESUNDHEITS-PLUS

Die Heidelbeere ist eine echte Superfrucht. Zu Recht wurde sie deshalb auch 2015 zur Frucht des Jahres gekürt. Die leckere Beere kann vor Falten schützen, denn der Pflanzenstoff Anthocyane unterstützt den Körper dabei, freie Radikale zu neutralisieren und Alterungsprozesse zu bremsen. Anthocyane unterstützen auch den Gehirnstoffwechsel und stärken so das Gedächtnis. Spezielle Gerbstoffe in den dunkelblauen Beeren wirken gegen Durchfall und helfen bei der Heilung von Schleimhautentzündungen. Die Beeren enthalten zudem reichlich Vitamin A sowie C und E für ein starkes Immunsystem und scharfe Augen. Dabei sind die Beeren mit nur 36 kcal pro 100 g kalorienarm. Heidelbeeren sind sehr druckempfindlich und schimmeln schnell. Tiefgekühlt halten sie länger und kühlen den Smoothie auch gleich noch.

WUSSTEN SIE SCHON, DASS ...

… in 100 g Soja satte 13 g Eiweiß stecken?

gesunder Sattmacher

HAFER-MAULBEER-MIX

ZUBEREITUNGSZEIT: 10 MIN. | TIEFKÜHLZEIT: 4 STD. | PRO GLAS CA. 220 KCAL, 7 G EW, 12 G F, 20 G KH

FÜR 4 GLÄSER (À 250 ML)

200 g Staudensellerie, 80 g TK-Grünkohl, 50 g getrocknete
weiße Maulbeeren, 2 EL geschrotete Hanfsamen, 50 g Mandelmus,
450 ml Haferdrink

Den Staudensellerie waschen, die Stangen in Stücke schneiden und
ca. 4 Std. tiefkühlen.

Danach den Sellerie mit Grünkohl, Maulbeeren, Hanfsamen und
Mandelmus in den Standmixer füllen. Den Haferdrink dazugießen und
alles in 2–3 Min. cremig mixen.

WUSSTEN SIE SCHON, DASS ...

... Staudensellerie eine
alte Heilpflanze ist und
bei Bluthochdruck
hilft?

... oh so creamy!

GUTE-LAUNE-SHAKE

ZUBEREITUNGSZEIT: 10 MIN. | PRO GLAS CA. 215 KCAL, 3 G EW, 10 G F, 26 G KH

FÜR 4 GLÄSER (À 250 ML)

1 große Pflaume (200 g), 200 g Brombeeren, 50 g Haselnusskerne, 1 Vanilleschote, 3 EL Honig, 450 ml Haferdrink, 1 Glas Crushed Ice

Die Pflaume waschen, halbieren und entsteinen. Die Hälften in Stücke schneiden. Die Brombeeren verlesen und waschen. Pflaume und Beeren in den Standmixer füllen.

Die Haselnüsse grob hacken. Die Vanilleschote längs aufschneiden und das Mark herausschaben. Vanilleschote und -mark, Nüsse und Honig in den Mixer geben. Den Haferdrink dazugießen, das Eis zufügen und alles in 2–3 Min. cremig mixen.

TIPP

Wer im Tiefkühlschrank keinen Platz für Eis hat, kann stattdessen die Früchte einfrieren und beim Mixen etwas Wasser (ca. 100 ml pro Glas Crushed Ice) zufügen.

Superfood, Supershake

AFTER-WORK-OUT-SMOOTHIE

mit Maulbeeren und Tofu

ZUBEREITUNGSZEIT: 10 MIN. | PRO GLAS CA. 190 KCAL, 9 G EW, 7 G F, 20 G KH

FÜR 4 GLÄSER (À 250 ML)

200 g Tofu, 1 Bio-Orange, 300 g TK-Erdbeeren, 40 g getrocknete weiße
Maulbeeren, 3 TL Maca-Pulver, 2 TL Chiasamen, 400 ml Mandeldrink

Den Tofu in kleine Stücke schneiden. Die Orange heiß abwaschen und
abtrocknen. Die Schale abreiben und den Saft auspressen.

Tofu, Orangenschale und -saft, Erdbeeren, Maulbeeren, Maca-Pulver
und Chiasamen in den Standmixer füllen. Den Mandeldrink dazugießen
und alles in 2–3 Min. cremig mixen.

GESUNDHEITS-PLUS

Tofu wird aus geronnenem Sojadrink hergestellt und stammt ursprünglich aus China, wo er seit dem Altertum als Grundnahrungsmittel gilt. Die Milchalternative ist eine prima Eisenquelle. Tofu kann somit helfen Eisenmangelerscheinungen – wie Müdigkeit, Lust- und Antriebslosigkeit, Nervosität und Angstgefühlen – vorzubeugen. Darüber hinaus enthält Tofu überwiegend einfach und mehrfach ungesättigte Fettsäuren. Zu den vielen positiven Effekten von Tofu zählen eine leichte Senkungen der LDL-Cholesterinwerte, eine Reduktion des Risikos für Herz-Kreislauf-Erkrankungen und der Aufbau von Bindegewebe. Sojaprodukte steigern zudem nachweislich die Konzentrationsfähigkeit.

WUSSTEN SIE SCHON, DASS ...

... die Chia-Pflanze ursprünglich aus Mexiko und Guatemala stammt?

SCHOKOBANANE IM GLAS

mit frischer Kokosnuss

ZUBEREITUNGSZEIT: 10 MIN. | TIEFKÜHLZEIT: 4 STD. |
PRO GLAS CA. 650 KCAL, 13 G EW, 30 G F, 81 G KH

FÜR 4 GLÄSER (À 250 ML)

6 Bananen, 150 g Kokosnussfleisch, 3 EL geschälte Hanfsamen,
3 EL Kakaonibs, 3 EL ungesüßtes Kakaopulver (ersatzweise Koawach),
60 ml Ahornsirup, 60 g Haferflocken, 450 ml Haferdrink

Die Bananen schälen, das Fruchtfleisch in Stücke schneiden und
ca. 4 Std. tiefkühlen.

Das Kokosnussfleisch in kleine Stücke schneiden und mit den
Bananen in den Standmixer füllen. Hanfsamen, Kakaonibs, Kakaopulver,
Ahornsirup und Haferflocken zugeben. Den Haferdrink dazugießen
und alles in 2–3 Min. cremig mixen.

GESUNDHEITS-PLUS

Kakaonibs sind geröstete, geschälte und gebrochene Kakao-
bohnenstückchen. Sie sind ideal zum Knabbern zwischendurch, zum Backen, für Smoothies und Müslis geeignet.
Roher Kakao enthält eine hohe Konzentration an Antioxidantien und viele der »Glücksbotenstoffe« Dopamin und Serotonin. Die beiden sorgen dafür, dass Kakao uns entspannt,
Stress reduziert und unser Wohlbefinden steigert. Mit seinen
rund 300 wertvollen Inhaltsstoffen schützt Kakao außerdem
vor Herzinfarkt und Schlaganfall.

WUSSTEN SIE SCHON, DASS ...

... Bananen von Natur aus
reich an Kalium-40 und
damit radioaktiv
sind?

Entspannung am Morgen

FRÜHSTÜCKSSMOOTHIE

mit Dinkel und Haselnuss

ZUBEREITUNGSZEIT: 10 MIN. | TIEFKÜHLZEIT: 4 STD. | PRO GLAS CA. 235 KCAL, 5 G EW, 7 G F, 36 G KH

FÜR 4 GLÄSER (À 250 ML)

1 ½ Bananen, 175 g TK-Erdbeeren, 50 g Dinkel-Granolamüsli, 25 g gemahlene Haselnüsse, 2 ½ TL Maca-Pulver, 500 ml Mandeldrink

1

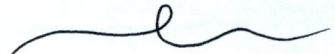

Die Bananen schälen, das Fruchtfleisch in Stücke schneiden und ca. 4 Std. tiefkühlen.

2

Bananen und Erdbeeren in den Standmixer füllen. Granola, Haselnüsse und Maca-Pulver zugeben. Den Mandeldrink dazugießen und alles in 2–3 Min. cremig mixen.

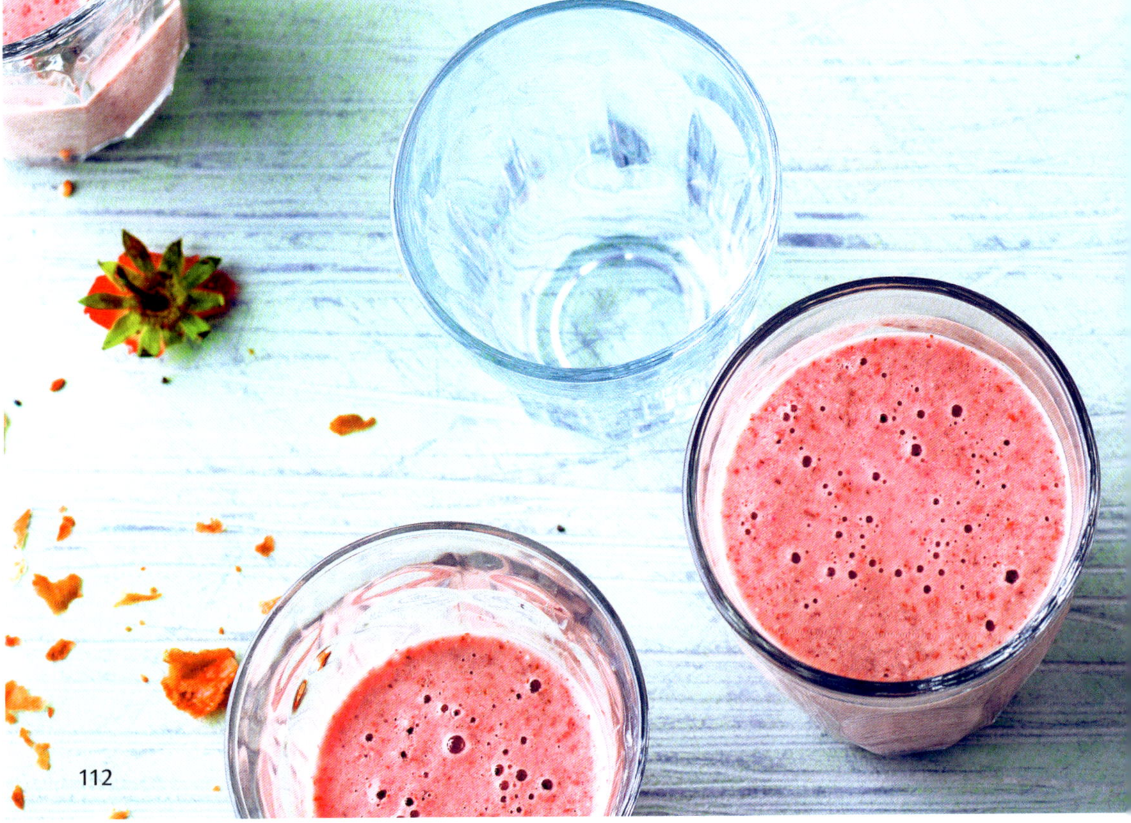

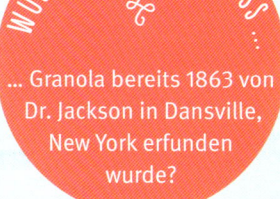

WUSSTEN SIE SCHON, DASS ...

... Granola bereits 1863 von Dr. Jackson in Dansville, New York erfunden wurde?

GESUNDHEITS-PLUS

Maca – das klingt exotisch und geheimnisvoll. Und tatsächlich haben schon die peruanischen Inkas der Knolle wundersame Heilkräfte zugesprochen. Optisch erinnert sie an eine Mischung aus Speiserübe und Petersilienwurzel. Der Geschmack des Maca-Pulvers ist überraschenderweise süßlich-malzig und passt wunderbar zu Vanille, Schokolade und Nüssen. Die Knolle aus den Hochebenen der Anden besitzt mit über 60 verschiedenen Vitalstoffen viele Gesundheitsvorteile. Die getrocknete Wurzel enthält 13–16 % Protein, viele Mineralstoffe, Vitamine, essenzielle Aminosäuren, Omega-3-Fettsäuren und eine gute Ladung Antioxidantien. Diese Kombination unterstützt den Körper bei allen wichtigen Stoffwechselprozessen und mindert oxidativen Stress, der für Alterungsprozesse und eine Reihe von Krankheiten verantwortlich gemacht wird.

in Balance kommen

SUPER-CHAI

mit Datteln und Cashewkernen

ZUBEREITUNGSZEIT: 10 MIN. | PRO GLAS CA. 450 KCAL, 13 G EW, 20 G F, 53 G KH

FÜR 4 GLÄSER (À 250 ML)

4 Bananen, 1 Stück Ingwer (1,5 cm lang), 4 Kardamomkapseln,
8 Medjool-Datteln (entsteint), 60 g Cashewkerne, 8 TL Kakaonibs,
8 TL geschälte Hanfsamen, 4 TL Chiasamen, 4 TL Maca-Pulver,
1 ½ TL Zimtpulver, 500 ml Sojadrink, 1 Glas Crushed Ice

 1

Die Bananen schälen und in Stücke schneiden. Den Ingwer waschen. Die
Kardamomkapseln im Mörser zerstoßen.

2

Bananen, Ingwer, Kardamom, Datteln, Cashews, Kakaonibs, Hanfsamen,
Chiasamen, Maca-Pulver und Zimt in den Standmixer füllen. Den Sojadrink dazugießen, das Eis zugeben und alles in 2–3 Min. cremig mixen.

GESUNDHEITS-PLUS

Neben Safran und Vanille ist Kardamom eines der teuersten Gewürze der Welt. Die grünen Kapseln gehören zur Familie der Ingwergewächse und werden vor allem in asiatischen Gerichten und Backwerken verwendet. Besonders beliebt ist das Gewürz im indischen Chai-Tee. Man unterscheidet zwischen grünem und schwarzem Kardamom. Kardamom duftet nach Eukalyptus und hat einen interessanten, süßlich-scharfen Geschmack. In den ätherischen Ölen der Samen stecken besonders viele Aromastoffe. Deshalb sollten Sie lieber die ganzen Kardamomkapseln verwenden statt schon fertig gemahlenes Pulver. Kardamom wirkt anregend und stimmungsaufhellend, er macht Kaffee verträglicher und gilt im Orient sogar als Aphrodisiakum.

WUSSTEN SIE SCHON, DASS ...

... die honigsüße Medjool-Dattel als Königin der Datteln gilt?

Herz-Gesundheit

AVOCADO – ARONIA

ZUBEREITUNGSZEIT: 10 MIN. | PRO GLAS CA. 185 KCAL, 3 G EW, 10 G F, 18 G KH

FÜR 4 GLÄSER (À 250 ML)

1 Pfirsich, 1 Avocado, 130 g TK-Rote-Johannisbeeren, 2 ½ EL Goji-Saft (Bioladen oder Reformhaus), 2 EL Agavendicksaft, 2 TL geschrotete Leinsamen, 1 TL Aronia-Pulver, 500 ml Mandeldrink, 1 Glas Crushed Ice

1

Den Pfirsich waschen, halbieren und entsteinen. Die Avocado halbieren, entsteinen und das Fruchtfleisch aus der Schale lösen. Pfirsich und Avocado in Stücke schneiden und in den Standmixer füllen.

2

Johannisbeeren, Goji-Saft, Agavendicksaft, Leinsamen und Aronia-Pulver zugeben. Den Mandeldrink dazugießen, das Eis zufügen und alles in 2–3 Min. cremig mixen.

WUSSTEN SIE SCHON, DASS …

… Aronia auch »schwarze Apfelbeere« genannt wird?

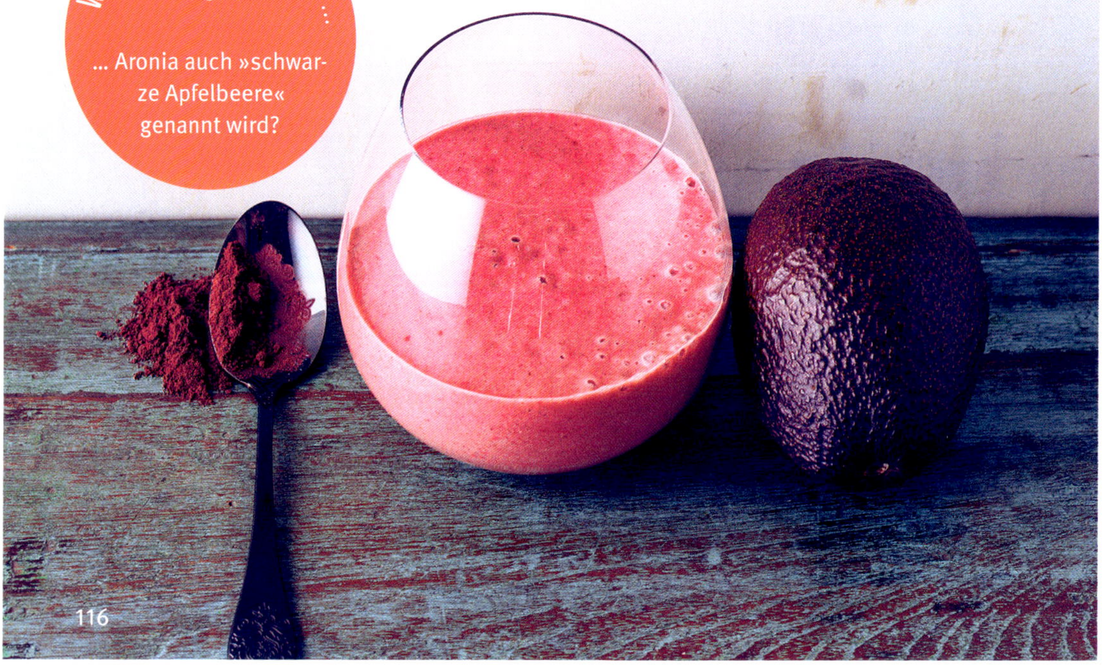

Morgengruß

KOAWACH – BANANE

ZUBEREITUNGSZEIT: 10 MIN. | PRO GLAS CA. 240 KCAL, 9 G EW, 16 G F, 12 G KH

FÜR 4 GLÄSER (À 250 ML)

1 Banane, 1 Avocado, 2 EL Ahornsirup, 2 TL geschrotete Leinsamen,
25 g Sonnenblumenkerne, 2 EL Koawach (aus dem Bioladen),
500 ml Sojadrink, 1 Glas Crushed Ice

Die Banane schälen und in Stücke schneiden. Die Avocado halbieren,
entsteinen, das Fruchtfleisch aus der Schale lösen und ebenfalls in
Stücke schneiden.

Banane, Avocado, Ahornsirup, Leinsamen, Sonnenblumenkerne und
Koawach in den Standmixer füllen. Den Sojadrink dazugießen, das Eis
zugeben und alles in 2–3 Min. cremig mixen.

---TIPP---

Koawach ist eine Trink-
schokolade mit Guara-
na. Die rote Frucht aus
Südamerika enthält lang
anhaltendes Koffein.
Kinderfreundlich wird der
Smoothie mit Kakaopulver
oder Kakaonibs.

BREW IT!

KAFFEE UND TEE BEFLÜGELN MÜDE LEBENSGEISTER UND WECKEN
UNSERE KREATIVE ENERGIE. DABEI MACHT SICH KOFFEIN NICHT NUR IN
HEISSGETRÄNKEN GUT. GEMISCHT MIT FRISCHEN KRÄUTERN, FRÜCHTEN,
SUPERFOODS UND EIS WIRD'S RICHTIG COOL. MATE, GRÜNTEE UND
EARL GREY SORGEN FÜR ABWECHSLUNG. ENERGIEDRINKS DER ANDEREN
ART – FÜR MORGENMUFFEL, FRÜHAUFSTEHER UND NACHTEULEN.

KIWI-TRAUBE-GRÜNTEE

mit Eis gemixt

ZUBEREITUNGSZEIT: 20 MIN. | PRO GLAS CA. 95 KCAL, 1 G EW, 1 G F, 20 G KH

FÜR 4 GLÄSER (À 250 ML)

4 Beutel grüner Tee, 4 Kiwis, 200 g grüne Weintrauben, 1 Zitrone,
2 EL Agavendicksaft, 2 Gläser Crushed Ice

Für den Tee 600 ml Wasser aufkochen und die Teebeutel ca. 5 Min. darin
ziehen lassen. Den Tee dann in ca. 10 Min. lauwarm abkühlen lassen.

Inzwischen die Kiwis schälen, in Stücke schneiden und in den
Standmixer füllen. Die Kiwistücke fein pürieren und das Püree danach
durch ein feines Sieb streichen. Die Trauben waschen und von den
Rispen zupfen. Die Zitrone auspressen.

Kiwipüree, Trauben, Zitronen- und Agavendicksaft in den Standmixer
füllen. Den Tee dazugießen, das Eis zugeben und alles 1–2 Min. mixen.

GESUNDHEITS-PLUS

Trauben sind vielseitig einsetzbar und schmecken sowohl
in süßen als auch in herzhaften Speisen. Schon die alten
Römer und Griechen liebten die knackigen Früchte und
unterschieden in Weintrauben zur Weinherstellung und Ta-
feltrauben. Sowohl weiße als auch rote Trauben sind sehr ge-
sundheitsfördernd. Vor allem die roten Trauben sind reich an
Antioxidantien, die freie Radikale bekämpfen und somit vor
Krebs schützen können. Tannine und Flavonoide wirken ge-
fäßerweiternd und beugen so Ablagerungen vor. Außerdem
haben vor allem rote Trauben eine gute Portion Ballaststoffe,
die sättigen und bei Verstopfungen helfen können.

WUSSTEN SIE SCHON, DASS …

… Kiwis eine
Superquelle für Fol-
säure sind?

Erfrischung pur

EARL GREY ON THE ROCKS

ZUBEREITUNGSZEIT: 15 MIN. | PRO GLAS CA. 60 KCAL, 1 G EW, 0 G F, 12 G KH
FÜR 4 GLÄSER (À 250 ML)
6 Beutel Earl-Grey-Tee, 400 g TK-Erdbeeren, 4 EL Ahornsirup

1

Für den Tee 600 ml Wasser aufkochen und die Teebeutel ca. 10 Min.
darin ziehen lassen.

2

Danach Erdbeeren und Ahornsirup in den Standmixer füllen. Den Tee
dazugießen und alles 2–3 Min. mixen. Sofort servieren.

TIPP

Wer nicht immer mixen
möchte, püriert die Erd-
beeren mit dem Ahorn-
sirup und friert das Püree
im Eiswürfelbehälter
ein. Dann nur noch den
Tee aufbrühen, reichlich
Erdbeer-Eiswürfel in die
Gläser füllen, mit Tee
übergießen und genießen.

magischer Muntermacher

GRAPEFRUIT – MATE

ZUBEREITUNGSZEIT: 10 MIN. | PRO GLAS CA. 110 KCAL, 1 G EW, 1 G F, 24 G KH

FÜR 4 GLÄSER (À 250 ML)

6 Beutel Matetee, 1 ½ grüne Äpfel, 3 Stängel Minze, 2 Grapefruits,
3 EL Honig

Für den Tee 900 ml Wasser aufkochen und die Teebeutel ca. 5 Min.
darin ziehen lassen.

Inzwischen die Äpfel waschen, vierteln und das Kerngehäuse entfernen.
Die Viertel in Stücke schneiden. Die Minze waschen. Die Grapefruits
auspressen.

Äpfel, Minze, Grapefruitsaft und Honig in den Standmixer füllen und
2–3 Min. mixen. Den Tee dazugießen und nochmals kurz durchmischen.
Der Tee schmeckt am besten gut gekühlt oder auf Eis.

WUSSTEN SIE SCHON, DASS …

… Mate als
Hungerstiller gilt?

ICED-LEMON-MATCHA

japanischer Wundertee

ZUBEREITUNGSZEIT: 10 MIN. | PRO GLAS CA. 50 KCAL, 1 G EW, 0 G F, 11 G KH

FÜR 4 GLÄSER (À 250 ML)

1 ½ Zitronen, 2 TL Matcha-Pulver, 6 EL Apfelsüße, 700 ml gekühltes
stilles Mineralwasser, 2 Gläser Crushed Ice

Die Zitronen auspressen. Den Saft mit Matcha-Pulver und Apfelsüße in
den Standmixer füllen.

Das Mineralwasser dazugießen, das Eis zugeben und alles 2–3 Min.
mixen. Den Eistee sofort servieren.

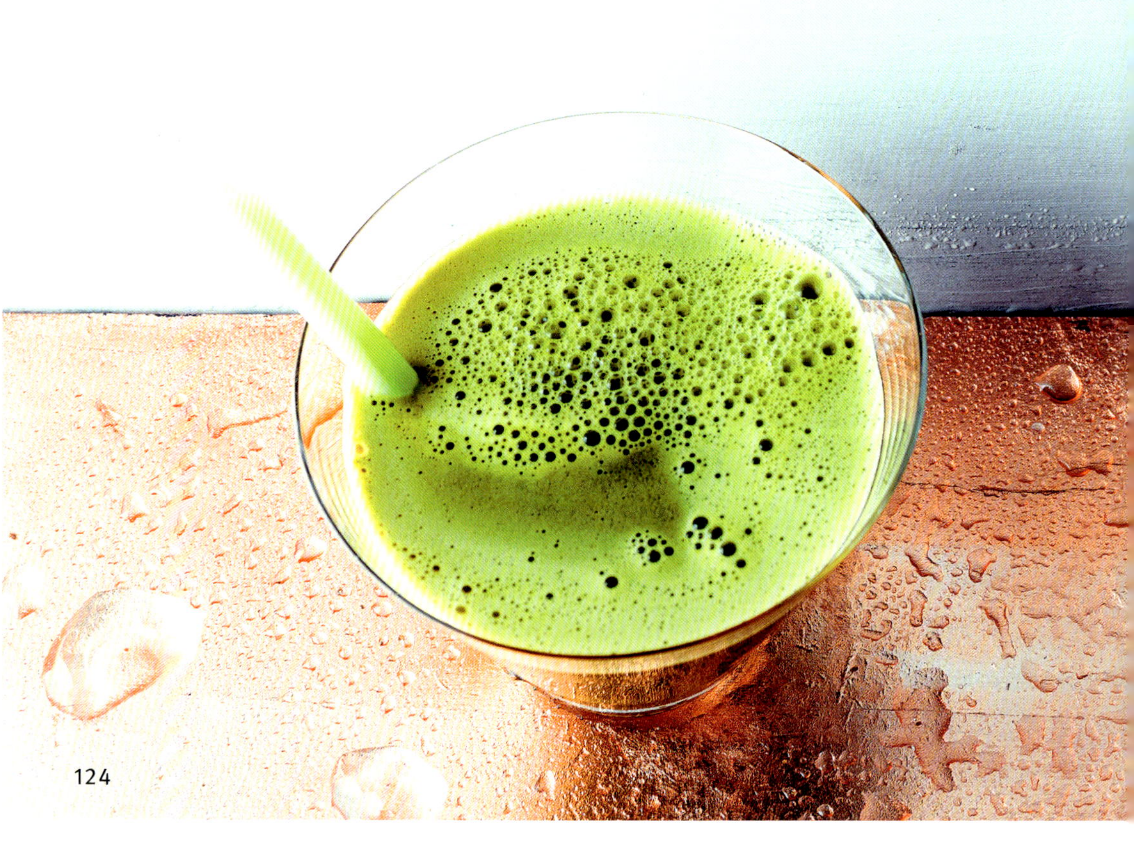

GESUNDHEITS-PLUS

Das Wort »Mat-Cha« stammt aus dem Japanischen und steht für gemahlenen Tee. Und genau das ist er auch – ein zu einem sehr feinen Pulver verarbeiteter Grüntee. Bereits die Matcha-Herstellung gleicht einer Teezeremonie: Zunächst reifen die Blätter 2–4 Wochen länger am Strauch als bei gewöhnlichem Grüntee. Dabei werden sie von schwarzen Netzen beschattet, was die Anreicherung bestimmter Inhaltsstoffe fördert. Die geernteten Blätter werden dann schonend mit Wasserdampf behandelt und die zartesten Teile anschließend in Granitmühlen langsam gemahlen. Der so gewonnene Extrakt ist reich an Aminosäuren, Vitaminen, wie A, B und E und enthält dreimal mehr Vitamin C als eine Orange. Außerdem enthält der grüne Alleskönner Koffein, wirkt damit belebend und steigert unsere Aufmerksamkeit.

WUSSTEN SIE SCHON, DASS ...

... der Trendtee aus der Tang-Dynastie (618–907 n. Chr.) stammt?

Magenfreund

SPICY ROOIBOS
mit Birne

ZUBEREITUNGSZEIT: 20 MIN. | PRO GLAS CA. 100 KCAL, 0 G EW, 0 G F, 24 G KH
FÜR 4 GLÄSER (À 250 ML)
2 reife Birnen (z.B. Williams), 10 Kardamomkapseln, 1 Msp. gemahlene
Vanille (ersatzweise Vanillezucker), 2 Sternanise, 4 EL Honig,
6 TL loser Rooibos-Tee

1

Die Birnen waschen, vierteln und das Kerngehäuse entfernen. Die Viertel
in Stücke schneiden und in einen Topf geben. Die Kardamomkapseln
im Mörser anstoßen und mit Vanille, Sternanis, Honig und 1 l Wasser zu
den Birnen geben. Aufkochen und 10 Min. köcheln lassen.

2

Danach die Birnen mit Sud in den Standmixer füllen und 2–3 Min. mixen.
Den Birnenmix durch ein feines Sieb filtern.

3

Den Birnensaft zurück in den Topf gießen und wieder aufkochen.
Den Rooibos-Tee zugeben und ca. 5 Min. ziehen lassen. Den Tee durch
ein Sieb filtern und warm, gut gekühlt oder auf Eis servieren.

GESUNDHEITS-PLUS

Rooibos, Rotbusch, Massia oder Buschmann – das Getränk
mit den vielen Namen enthält kein Koffein und wirkt nicht
entwässernd. Es ist deshalb auch für Kinder und Sportler
bestens geeignet. Der milde und bekömmliche Tee wächst
ausschließlich in den Zeder-Bergen nördlich von Kapstadt.
Rooibostee ist reich an Mineralstoffen und hat dabei sehr
wenig Gerbstoffe. Sein Geschmack und die rot-braune Farbe
entwickeln sich erst bei der Fermentation. Geerntet wird der
Tee zwischen Januar und März grün.

WUSSTEN SIE SCHON, DASS ...

... Sternanis eines der
fünf Gewürze im
»Five-Spice-Pulver«
ist?

Vitamin C satt

ACEROLA — MATE

ZUBEREITUNGSZEIT: 10 MIN. | PRO GLAS CA. 20 KCAL, 0 G EW, 0 G F, 5 G KH

FÜR 4 GLÄSER (À 250 ML)

4 Beutel Matetee, 1 Orange, 200 ml Acerola-Muttersaft (Bioladen
oder Reformhaus)

Für den Tee 600 ml Wasser aufkochen und die Teebeutel ca. 5 Min. darin
ziehen lassen.

Inzwischen die Orange auspressen. Orangen- und Acerola-Saft in
den Standmixer füllen. Den Tee dazugießen und alles kurz mixen. Der Tee
schmeckt am besten gut gekühlt oder auf Eis.

WUSSTEN SIE SCHON, DASS ...

... die Acerolakirsche eine
der Pflanzen mit dem
höchsten Vitamin-C-
Gehalt ist?

kultiger Kräutertee

MATE – GRENADILLA

ZUBEREITUNGSZEIT: 20 MIN. | PRO GLAS CA. 100 KCAL, 3 G EW, 0 G F, 16 G KH

FÜR 4 GLÄSER (À 250 ML)

8 Beutel Matetee, 3 EL Agavendicksaft, 6 Grenadillen,
2 Gläser Crushed Ice

Für den Tee 700 ml Wasser aufkochen und die Teebeutel ca. 5 Min. darin
ziehen lassen. Den Tee dann mit dem Agavendicksaft süßen und in
ca. 10 Min. lauwarm abkühlen lassen.

Inzwischen die Grenadillen halbieren, das Fruchtfleisch mit einem Löffel
herauslösen und in den Standmixer geben. Den Matetee dazugießen,
das Eis zugeben und alles 2–3 Min. mixen.

— TIPP —

Granadillen erinnern ein
wenig an Passionsfrüchte,
jedoch mit einer etwas
süßeren Note. Statt der
kolumbianischen Berg-
frucht können Sie hier
deshalb auch 8 Passions-
früchte verwenden.

wirkt beruhigend

HONIG-KAMILLEN-TEE

mit Orange

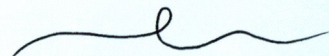

ZUBEREITUNGSZEIT: 10 MIN. | PRO GLAS CA. 80 KCAL, 0 G EW, 0 G F, 20 G KH

FÜR 4 GLÄSER (À 250 ML)

6 Beutel Kamillentee, 4 EL Honig, 1 Zimtstange, 1 ½ Orangen

1

Für den Tee 800 ml Wasser aufkochen und Teebeutel, Honig und Zimtstange hineingeben. Den Tee ca. 5 Min. ziehen lassen.

2

Inzwischen die Orangen auspressen. Den Orangensaft zum Tee gießen und alles noch ca. 15 Min. ziehen lassen. Der Tee schmeckt warm, gut gekühlt oder auf Eis.

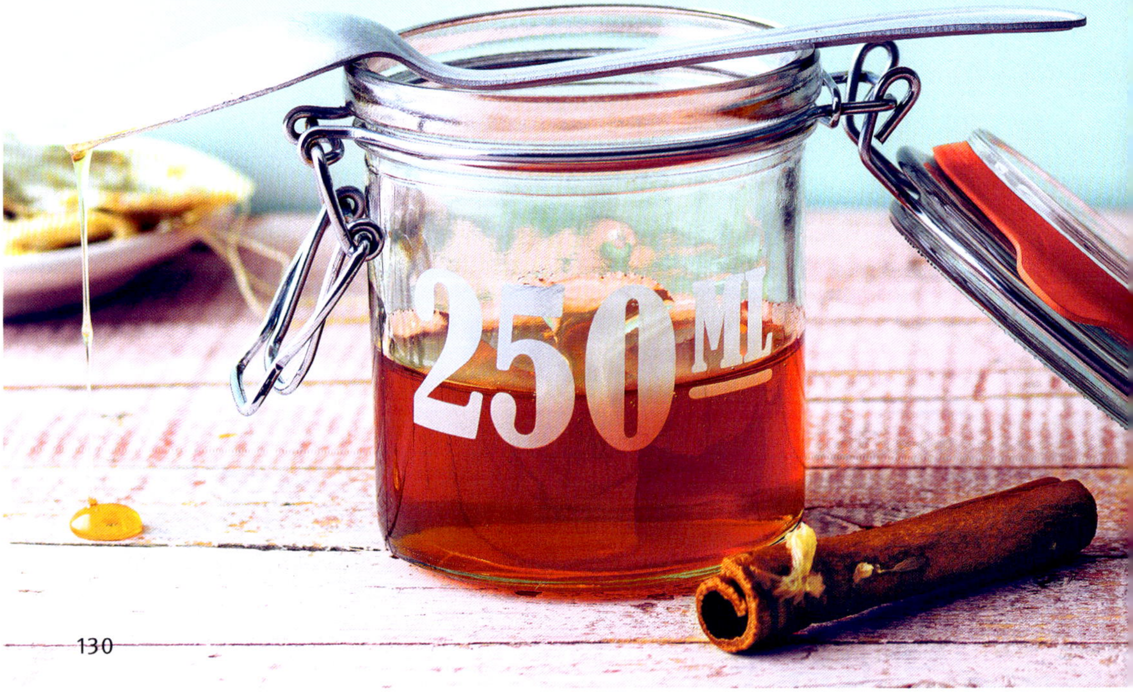

GESUNDHEITS-PLUS

Die »Echte Kamille« ist ein Korbblütler und war ursprünglich in Süd- und Osteuropa heimisch. Heute findet man die recht anspruchslose Pflanze in ganz Europa und kann sie sogar selbst auf dem Balkon ziehen. Die alte Heilpflanze wird vor allem bei Magen- und Darmbeschwerden sowie Verletzungen eingesetzt. Doch die hübsche Blume kann noch viel mehr: Kamillenblüten wirken antiseptisch und entzündungshemmend. Durch ihre beruhigende, angstlösende und muskelentspannende Wirkung ist sie die ideale Einschlafhilfe. Äußerlich angewendet hat Kamille hautberuhigende Eigenschaften und ist deshalb bei Akne, Irritationen oder Ekzemen eine gute Wahl.

WUSSTEN SIE SCHON, DASS ...

... die Honigbiene fünf Augen hat?

cooler Kick

KIRSCH-ESPRESSO

Energie aus dem Eis

ZUBEREITUNGSZEIT: 10 MIN. | PRO GLAS CA. 105 KCAL, 1 G EW, 0 G F, 24 G KH

FÜR 4 GLÄSER (À 250 ML)

250 g TK-Sauerkirschen (entsteint), 150 ml Espresso, 5 EL Kokosblütenzucker, 2 TL gemahlener Piment, 250 ml gekühltes stilles Mineralwasser

Sauerkirschen, Espresso, Kokosblütenzucker und Piment in den
Standmixer füllen.

Das Mineralwasser dazugießen und alles 2–3 Min. mixen. Den Espresso-
Shake in die Gläser füllen und sofort servieren.

WUSSTEN SIE SCHON, DASS …

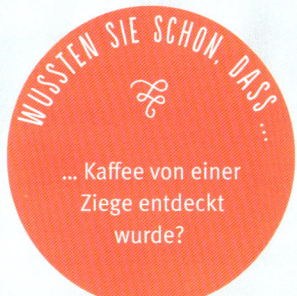

… Kaffee von einer Ziege entdeckt wurde?

GESUNDHEITS-PLUS

Piment – auch Nelkenpfeffer, jamaikanischer Pfeffer oder englisch »Allspice« genannt – duftet würzig, wohlig und weihnachtlich. Geschmacklich erinnern die rot-braunen Kügelchen an Muskatnuss, Zimt und Gewürznelken. Das leicht scharfe Gewürz regt Appetit und Verdauung an, hilft gegen Blähungen und beruhigt den Magen. Es eignet sich deshalb vor allem bei schwer verdaulichen Speisen. Aus den Früchten der immergrünen Pfeffermyrthe lässt sich auch Öl pressen, das gegen Muskelkater, rheumatische Beschwerden und Akne eingesetzt werden kann.

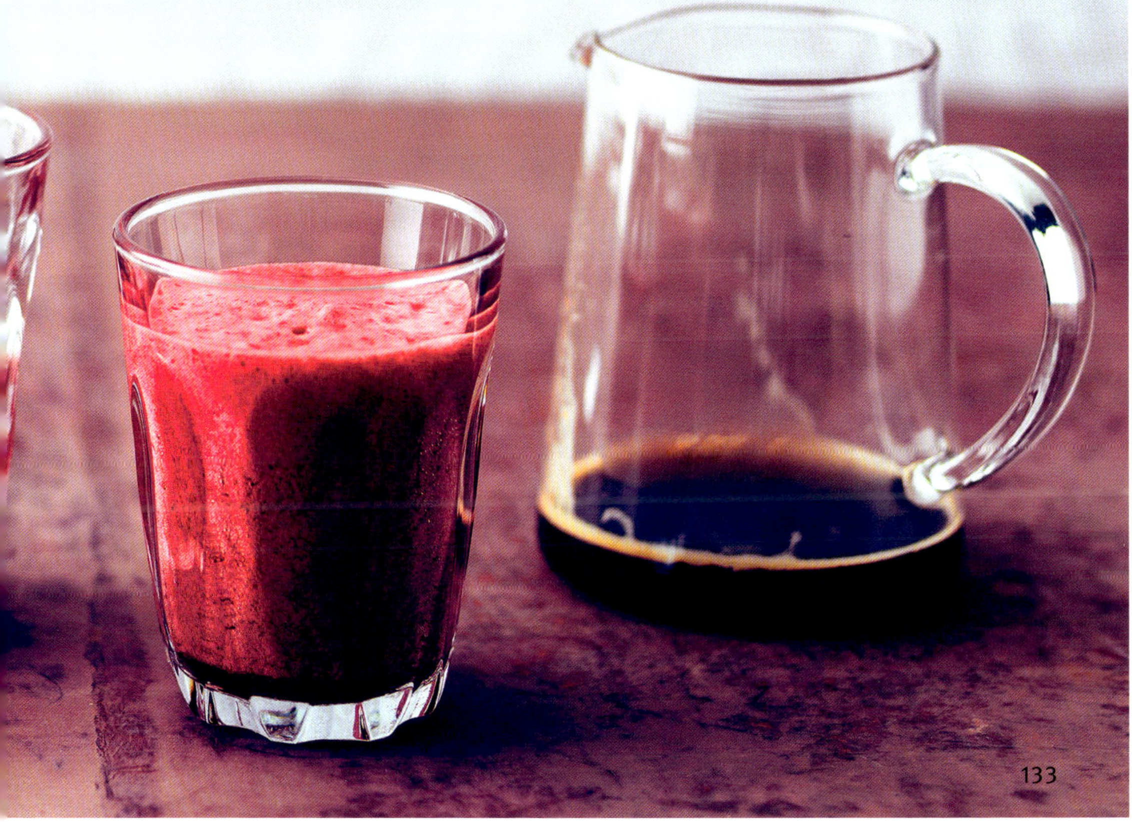

EISTEE

ZUBEREITUNGSZEIT: 20 MIN. | KÜHLZEIT: 2 STD. | PRO GLAS CA. 135 KCAL, 0 G EW, 0 G F, 29 G KH

FÜR 4 GLÄSER (À 250 ML)

4 Bio-Zitronen, 2 Limetten, 110 g Demerara-Zucker (ersatzweise brauner Zucker), 8 Stängel Minze, 10 TL schwarzer Tee, 2 Handvoll Eiswürfel

1

Die Zitronen heiß abwaschen, abtrocknen und von 2 Früchten die Schale mit einem Sparschäler abziehen. Dann alle Zitronen und die Limetten auspressen.

2

Zitronenschale, Zitronen- und Limettensaft und 8 EL Zucker in einem Topf kurz aufkochen, bis sich der Zucker auflöst. Die Minze waschen, zum Sirup geben und ca. 15 Min. darin ziehen lassen.

3

Inzwischen 600 ml Wasser aufkochen, schwarzen Tee und restlichen Zucker zufügen und ca. 10 Min. ziehen lassen.

4

Den Tee und den Zitronensirup durch ein feines Sieb in den Standmixer gießen und kurz verquirlen. Den Tee ca. 2 Std. kühlen. Die Eiswürfel auf die Gläser verteilen und mit dem Tee aufgießen.

WUSSTEN SIE SCHON, DASS ...

... der 10. Juni in den USA nationaler Eistee-Tag ist?

junger Rebell

EISTEE MIT MELONE

ZUBEREITUNGSZEIT: 10 MIN. | PRO GLAS CA. 85 KCAL, 1 G EW, 0 G F, 18 G KH

FÜR 4 GLÄSER (À 250 ML)

300 g Cantaloupe-Melone, 200 g TK-Erdbeeren, 1 ½ Clementinen,
100 ml gekühltes stilles Mineralwasser, 2 Gläser Crushed Ice, 1 Rezept
gekühlter Eistee (siehe S. 134) zum Aufgießen

Die Melone schälen und die Kerne herausschaben. Das Fruchtfleisch
in Stücke schneiden und mit den Erdbeeren in den Standmixer füllen. Die
Clementinen auspressen. Den Saft mit dem Mineralwasser dazugießen
und alles 2–3 Min. mixen.

Das Eis in die Gläser verteilen, den Fruchtmix darübergießen und mit
dem Eistee auffüllen.

TIPP

Den klassischen Eistee
können Sie auch portions-
weise in Eiswürfelformen
tiefkühlen. Die Tee-Eiswür-
fel dann mit Früchten und
Clementinensaft mixen,
Mineralwasser und Eis
dafür weglassen.

FREUNDLICHER KAFFEE

ZUBEREITUNGSZEIT: 10 MIN. | PRO GLAS CA. 400 KCAL, 10 G EW, 28 G F, 27 G KH

FÜR 4 GLÄSER (À 250 ML)

100 g Mandelmus, 100 g Cashewkerne, 4 TL Maca-Pulver, 4 EL Ahornsirup, 250 ml starker Kaffee (ersatzweise Espresso), 400 ml Mandeldrink,
1 Glas Crushed Ice

Mandelmus, Cashewkerne, Maca-Pulver und Ahornsirup in den
Standmixer füllen.

Kaffee und Mandeldrink dazugießen, das Eis zugeben und alles 2–3 Min.
mixen. Den Shake auf die Gläser verteilen und sofort servieren.

TIPP

Mandelmus lässt sich mit
einem leistungsstarken
Standmixer schnell selbst
machen. Dafür geschäl-
te Mandeln (für weißes
Mus) oder ungeschälte
Mandeln (für braunes
Mandelmus) im auf 180°
vorgeheizten Backofen
ca. 15 Min. rösten. Dann
abkühlen lassen und
fein mixen. Dabei immer
wieder stoppen und die
Masse mit einem Löffel
zusammenfassen.

Erkältungskiller

MANGO-CHILI-SHOT

ZUBEREITUNGSZEIT: 10 MIN. | PRO GLAS CA. 50 KCAL, 1 G EW, 1 G F, 9 G KH
FÜR 4 GLÄSER (À 80 ML)
1 Mango, 2 ½ Limetten, ½ TL Chiliflocken, Salz

Die Mango halbieren, schälen und das Fruchtfleisch in kleinen Stücken
vom Stein schneiden. Die Limetten auspressen.

Mango und Limettensaft in den Standmixer füllen. Chiliflocken und
1 Prise Salz zugeben und alles 2–3 Min. mixen. Den Shot auf die Gläser
verteilen und servieren.

WUSSTEN SIE SCHON, DASS …

… Mangos vor über
5000 Jahren zuerst in
Indien angebaut
wurden?

REGISTER VON A-Z

Appetit auf mehr?

ISBN 978-3-8338-3779-1

ISBN 978-3-8338-5880-2

ISBN 978-3-8338-3771-5

ISBN 978-3-8338-4796-7

ISBN 978-3-8338-5102-5

Alle hier vorgestellten Bücher
sind auch als eBook erhältlich.

GU

Willkommen im Leben.

IMPRESSUM

DIE AUTORIN

Sandra Schumann ist Foodstylistin und Rezeptautorin. Ihre Leidenschaft für alles Kulinarische führte sie für einige Jahre nach Paris, wo sie bei verschiedenen Verlagen und Magazinen Kochbücher und Artikel veröffentlichte. Immer auf der Suche nach neuen Trendthemen, hat sie für dieses Buch ihre Top-Rezepte für gesunde Erfrischungen zusammengestellt.

DER FOTOGRAF

Jörn Rynio arbeitet für internationale Zeitschriften, namhafte Buchverlage und Werbeagenturen. Mit einer großen Portion Kreativität setzt der Hamburger Fotograf Food und Drink aus aller Welt stimmungsvoll in Szene. Tatkräftig unterstützt wurde er beim Mixen und Stylen von **Rainer Meidinger** und **Lukas Baseda** (Foodstyling) sowie **Michaela Suchy** (Styling).

DANKE!

Ein besonderes Dankeschön geht an die Fa. Vita-Mix Corporation, USA, für die Bereitstellung des VITAMIX S30 in diesem Buch.
www.vitamix.de

© 2017 **GRÄFE UND UNZER VERLAG GmbH**, München

Syndication: www.seasons.agency
Ein Unternehmensbereich der StockFood GmbH,
Tumblingerstr. 32, 80337 München, Tel: 089-7472020

Projektleitung: Verena Kordick

Lektorat: Petra Teetz

Korrektorat: Petra Bachmann

Illustrationen: Ela Strickert, Hamburg

Satz: L42 AG, Berlin

Innenlayout, Typografie und Umschlaggestaltung:
independent Medien-Design, Horst Moser, München

Herstellung: Markus Plötz

Repro: Longo AG, Bozen

Druck: F+W Druck- und Mediencenter, Kienberg

Printed in Germany

ISBN 978-3-8338-5933-5

1. Auflage 2017

QUALITÄTS G|U GARANTIE

Liebe Leserin, lieber Leser,

haben wir Ihre Erwartungen erfüllt? Sind Sie mit diesem Buch zufrieden? Haben Sie weitere Fragen zu diesem Thema? Wir freuen uns auf Ihre Rückmeldung, auf Lob, Kritik und Anregungen, damit wir für Sie immer besser werden können.

GRÄFE UND UNZER Verlag
Leserservice
Postfach 86 03 13
81630 München
E-Mail:
leserservice@graefe-und-unzer.de

Telefon: 00800 / 72 37 33 33*
Telefax: 00800 / 50 12 05 44*
Mo–Do: 9.00 – 17.00 Uhr
Fr: 9.00 – 16.00 Uhr
(* gebührenfrei in D, A, CH)

Ihr GRÄFE UND UNZER Verlag
Der erste Ratgeberverlag – seit 1722.

Umwelthinweis:

Dieses Buch ist auf PEFC-zertifiziertem Papier aus nachhaltiger Waldwirtschaft gedruckt.

Die **GU-Homepage** finden Sie unter **www.gu.de**.

 www.facebook.com/gu.verlag

GRÄFE UND UNZER

Ein Unternehmen der
GANSKE VERLAGSGRUPPE